理論社会学

社会構築のための媒体と論理

森 元孝 著

東信堂

旧い友たち、新しい友たちに感謝して

問　題―はしがきにかえて

　本書の主題は、社会構築のための媒体と論理の提供である。言うなれば、捉えどころなく急激に変わっていく「社会」がどんな形をしているのか、その部品目録を整理し、それの組み立て試行実験をしようという意味がある。

　そうすることの使命は、社会とは何であるかを、見つめ直す際、理論的に明確にした方がよい事象を、論理的に分析する力を養うことにある。社会調査と称して、闇雲にアンケートやインタビューをすれば、社会がわかるというものではないし、社会調査士や専門社会調査士などの資格を取ったくらいでは、社会が何であるかはまずわかるまい。

　本書の結論を、この冒頭で示せば、社会は人から成っているということであり、人（人々）が社会を作り上げていくということである。

　そんな当たり前のことを、小難しく書くことが理論社会学かとも言われるだろうし、また多くの社会学者からは、それは昔から言われている「方法論的個人主義」ではないのかも言われるであろう。

　しかしながら、小難しく理論的に書く必要は、社会学が学問であり、学問の体裁を維持し、大学で教わる科目としてまだ存立意味があるとしたら必要なことである。繰り返しておくが、闇雲にアンケートやインタビューをすれば、社会がわかるというものではない。

　私自身、いわゆる「社会学」でイメージされる経験的研究にも関わり続けてきた[1]。その駆け出しから還暦間際の今まで、「社会学」でつねにイメー

1： 過去は、森　元孝『逗子の市民運動―池子米軍住宅建設反対運動と民主主義の研究』御茶の水書房　1996年。森　元孝『亀裂の弁証法―現象としての石原慎太郎』は、近く刊行予定。

ジされる、アンケートとインタビューを道具にした経験的社会研究にかかわらずに、「社会とは何か」という問いに向かってこなかったことはない。

　しかし、当然であるが、社会について問うための具体的で経験的な題材は、何も社会学者だけがかかわるものなどではない。文学作品を典型に芸術作品、ジャーナリストによる多くの仕事が、社会と無関係であることはない。しかもたいていの場合、文部科学省や日本学術振興会の「科学研究費」に頼らざるをえない社会学者を自負する「学者」の業績などよりも、圧倒的に才能に秀でた作家や芸術家による作品の方が、また取材費用が潤沢な大新聞や大放送局の記者たちの記事の方が、あるいはフィールドに密着することのできる、地方新聞や地方局の記者たちの記事の方が、社会について社会に対して圧倒的により多くより良いものを提示してきたはずであるし、それが社会を再構築する、より意味あるきっかけを作ってきたに違いないと、私は考えている。

　そう考えると、「社会学であらん」と「学」を掲げるこの学の同一性がどこにあるのかと問うとしても、日本社会学会会員であるとか世界社会学会会員である以外に、それを確認する意味は今や希薄になりつつある。この学の理論体系はきわめて貧弱で脆弱すぎるし、種々学説があるようで、それらの体系性などまったくなく、ごく「専門家」にだけしか意味をなさない隠語による浅薄短小なものでしかないところがある。そういう点で、小難しいことにこだわらざるをえないということである。

　「方法論的個人主義 (methodological individualism)」ということについては、「民主主義」「住民投票」などを標語に、個々人の意見を集計した結果が社会の集合意志だとする一種の市民革命論を、今も近代の捨てがたい理念だと信じる日本社会学者が多くいることも知っているが、私が言おうとしているのは、「社会は人（々）(person; persons) から成っている」ということである。「個人 (individual) によって」などとは言っていないことに注意して欲しい[2]。

　この齟齬は、「個人」「人」「市民」など、明治以来の日本社会学における造語力とそれを咀嚼していく能力の限界に負うところが大きい。「個人」と

2：「個人」についての定義は、第7章冒頭 (121 頁) 参照。

いうものは、捉えるのが最も難しく、私は、それに依拠しようなどとは思わない。そういう点で、私はけっして方法論的個人主義者ではない。

結論とした「社会は人から成っているということであり、人（人々）が社会を作り上げていくということである」というのは、実は「人（人々）は社会から成っている。そして社会が人（人々）を作る」という前提をも踏まえており、これも循環していると批判を受ける性質のものである。

もっと挑発的に言うなら、人が社会を作り上げていくということを社会が作り出してきたということであり、社会を変えようと心意気する人その人さえも社会が生み出してきたということでもある。

「循環論法で愚かだ」という人たちを、顔も思い浮かべながら想像してみることができるし、社会についての主観的なリアリティと客観的なリアリティとの弁証法的関係という1970年代に論議され、とりわけ日本では、そうした論法が幼稚な批判に晒されたことを知らないわけではない[3]。「主観」という言葉も、やはり日本社会学の造語法と蘊蓄に塗れて、それが「人」と同じように見られてしまうのだが、おそらくは概念「人」と関係はしているが、それとは同じではない。主観主義と、それに対する客観主義という語も、本書ではほとんど関係がない。

媒体としての「人」は、媒体「身体」と媒体「言語」を基軸に機能しており、これら三種類の基礎媒体と、「人間」「貨幣」「権力」「法」「真理」「愛」などの、社会諸体系を分出していく諸媒体との関係で、社会が成っているという流れで、私の言いたい理論社会学は書いてある。とりわけ、「人」は、今、急速にその存立様態を変形させていることを知らねばならない。

諸媒体を順序立てて論じていくという点で、本書は、社会学の学的性質について、論理性と体系性にこだわりながらまとめようとしたものである。全体は、三部から成っている。

---

[3]: Peter L. Berger/Thomas Luckmann, *The Social Construction of Reality –A Treatise in the Sociology of Knowledge*, New York 1966. Peter L. Berger/Thomas Luckmann, *Die gesellschaftliche Konstruktion der Wirklichkeit –Eine Theorie der Wissenssoziologie*, Frankfurt am Main 1980.〔山口節郎訳『現実の社会的構成―知識社会学論考』新曜社　2003年〕。

第1部は、諸媒体について論じるに際して、そのための理解の助けとなるように、現代日本社会が遭遇している問題について、論理的道具を用いて論じようとした、言うなれば本論への例示である。続く第2部の「社会体系論」と称する本論を読み通すための練習のような意味を込めたパートである。

　第2部は、本書の本論であるが、その点できわめて形式的な整理論となっているはずであるし、その内容はこれからもさらに鍛え直されなければならない問題を含んでいる。部品数、すなわち媒体は増えていくものであり、未完のままであり続けるようにも思っている。

　第3部は、本論第2部で示した社会体系論を踏まえて、現代について理論社会学をしようということである。ただし、第8章と第9章は、理論史による考察であり、第10章と第11章は、社会学の理論というよりも、「社会理論 (Gesellschaftstheorie; social theory)」として近未来の社会がいかに構築されていくかを考えようとしたものである。

目　次

理論社会学
―社会構築のための媒体と論理

目　次　**理論社会学——社会構築のための媒体と論理**

問題——はしがきにかえて ……………………………………………………… V

第1部　現代社会論 ……………………………………………………… 3

1. リスクのリスク ……………………………………………………… 5
1. リスクと不確実性 (5)
2. 知と合意 (8)
3. 危険地帯 (11)
4. 対概念と反省概念 (13)

2. 不安な現在 …………………………………………………………… 15
1. 予言の自己成就 (15)
2. 時の二重性 (17)
3. 視線と方位 (22)
4. 運動の視点 (25)

3. 境界の帰属点 ………………………………………………………… 29
1. 境界の区別 (29)
2. 圧縮と誇張 (32)
3. 区別の区別 (36)
4. 人と帰属 (38)

第2部　社会体系論 ……………………………………………………… 43

4. 秩序 …………………………………………………………………… 45
1. 原秩序 (45)
2. 空間の区別 (46)
3. 時の区別 (51)
4. 媒体と体系 (54)

5. 基礎媒体 ……………………………………………………………… 59
1. 媒体「身体」(59)
2. 媒体「言語」(63)
3. 媒体「人」(65)
4. 「よりリアル」という値——通信技術 (74)
5. 媒体の媒体——芸術 (77)

6. 体系分化 ……………………………………………………………… 83
1. 媒体「人間」と教育 (84)
2. 媒体「貨幣」と経済 (87)

3. 媒体「権力」と政治 (91)
　　4. 媒体「法」と法体系 (95)
　　5. 媒体「真理」と科学 (101)
　　6. 媒体「愛」と世界 (108)
　　7. 諸媒体の複合と媒体「都市」(111)
　　8. 諸媒体の整理表 (119)

7. 社会の形式 ……………………………………………………………… 121
　　1. 本当の社会 (121)
　　2. 私の社会 (127)
　　3. 社会の社会 (132)

第3部　社会理論 ……………………………………………………… 135

8. 媒体としての音楽 …………………………………………………… 137
　　1. 言語性への旋回 (137)
　　2. 身体性への旋回 (140)
　　3.「私」の位置 (145)

9. 労働は媒体か？ ……………………………………………………… 151
　　1. マルクスに帰る (151)
　　2. プラグマティクスの商品化 (155)
　　3. プラグマの区別 (162)
　　4. よりリアルの代案 (166)

10. 民主主義のリソース ……………………………………………… 169
　　1. 政体の区別 (169)
　　2. 政治体系の自己観察 (172)
　　3.「平和」という論点 (175)

11. 仮想通貨のリアル ………………………………………………… 181
　　1. 経済と市場 (181)
　　2. 貨幣と流動性 (186)
　　3. 地球経済体系の帰属点 (193)
　　4. 仮想直接世界の論理試論 (199)

あとがき ……………………………………………………………………… 203
文献 …………………………………………………………………………… 206
人名索引 ……………………………………………………………………… 213
事項索引 ……………………………………………………………………… 215

理論社会学
社会構築のための媒体と論理

第1部　現代社会論

1. リスクのリスク

リスクは、現代社会学の根本課題である。だがリスクの主題化そのものがまたリスクとなる。そしてこれに終わりはない。

1. リスクと不確実性

リスク計算という言葉がある。社会科学においてリスクを主題にした最初の重要な書は、フランク・H・ナイトのものである[4]。1921 年のことである。この邦訳は、『危険、不確実性、利潤』であった。リスク計算と言いながら、危険率という言葉が今も残ることからわかるように、日本では、リスクやハザードなどそもそも危険ではないものが、危険とされてきたところがある。

ナイトは、リスクを計算できるものとした。ゆえに、不確実性という、リスク計算のできる外側、すなわち計算外の世界を示す語が必要となった。市場での価格決定は、需要と供給の均衡点によるというのが、古典的な経済学で言われる教科書的な知識である。ナイトのリスク理論は、こうした価格を決定する需給均衡を生むとされる市場の完全競争という状態が虚構だとするところから始まっている。

市場において価格が、需給均衡だけで決まるには、比較的規模の小さな売り手と買い手（原子性）が同種同質の商品（均一性）を需給しており、それに加えて、この市場への新規参入が自由（参入自由）で、新参者も当初から

---

[4]: Frank H. Knight, *Risk, Uncertainty and Profit,* University of Chicago Press 1971 (1921).

の売り手や買い手たちと同様に比較的規模が小さく、互いのノウハウを知り尽くし合っている状態（平等性）で競争が行われているというのが、完全競争である。言い換えれば、どの売り手によっても、どの買い手によっても価格が恣意的に決められることがなく、市場における需給均衡というメカニズムによってのみ価格が決定されるということである。

　しかしながら、こういうモデルは、モデルとしての機能以上のものではない可能性もある。こういうふうには、経済社会はなっていないとも考えられるからである。売り手と買い手との規模は多様であり、商品の質も多様であり、知と技は平等に配分されていることはなく、それゆえに通常、新規参入には種々の条件がつけられる。

　これらの諸要素は、リサーチをしてみなければわからないし、リサーチをしてもすべてを捉えることはできない。ゆえに不確実性というものがあるということになる。

　これに対して、リスクは、確率計算できる部分だということである。われわれの卑近な例を考えれば、銀行や証券会社をつうじて投資信託を購入しようとするなら、商品としてそこにはその投資信託の「リスク」が標準偏差をもとに計算され示されている。価格変動、金利変動、為替変動、信用などについて、それぞれの専門家が過去のデータに遡って計算することができる。この点では、リスクは必ずしもネガティブな事柄を示しているわけではない。言い換えれば、過去のデータをもとに、将来に起こりうる出来事について予測しているのである。これは、投資運用のみならず、事故発生の確率計算をもとにありうる出来事を予測して成る保険業においても同様に考えられている前提である。

　しかしながら、リスク計算そのものだけに頼ることは、たいていの場合、そのこと自体もリスクにもなる。というのも、そもそも将来を正確に計算することができるかどうかという問いが向けられさえするからである。

　さて、完全競争という前提が、「競争」ということの本質を見えなくしていった。日本の競争力、企業の競争力と言われる。これもたいてい、ある商品の世界市場における日本企業が占めるシェアとして示されてきた。21世紀最初

の10年が過ぎて、日本製商品の世界市場におけるシェアが小さくなり、世界市場における日本の競争力が低下したという具合に言われるのである。

　運動会で競走する場合、その結果は、テープを切った順位で決まる。100メートル競泳の結果、タイムで順位が決まる。こういう場合と、シェアということも同じようにも見ているところがある。

　果たして競走や競泳の場合と、市場における競争とは同じか否か。粗野な自由主義者は、完全な自由競争が公正な原理だと考えてきた。しかしながら、市場では、はっきりとルールが決められた競技と、それを行う競技場や競泳プールのように、ルールで決められた場でのプレーを前提に競争が始められていくことは稀であろう。

　日本製の乗用車は、かつて1960年頃にはブレーキが貧弱でサンフランシスコの坂に停まっていることができなかったともいう。それが1980年代には対米自動車輸出の自己規制が必要とされるようにさえなった。それは、もちろんブレーキが効かないからではなかった。

　自由に商売をする。それを支えるものが、自由競争であり、消費者は、よりよい商品を手に入れることができるのだとしたら、1980年代に、日本製自動車の輸出自己規制は、アメリカの消費者の自由を奪うということだったはずである。

　反対に、アメリカからのオレンジの輸入規制は、日本国内のみかん製造業者保護のためになされた。みかんとオレンジとは明らかに違う。しかしながら、オレンジへの嗜好が優位になると、日本のみかん農家は打撃を被ると考えられた。こうした優勝劣敗が自由経済の原則だと割り切るのか。いや、そうではなく同じ「日本」という共同体の仲間たちの生業は保護され育成されなければならないから、自由は制約されるという主張が正しいのか、これは議論となり政治決定がなされる問題となる。

　こういう自由化か、それとも国内保護、輸入規制かという論点で「競争」を制限することに意義があると考え過ぎると、「競争（competition; Wettbewerb）」ということの本質を見失うことになる。

　競争というプロセスは、発見のプロセスである。実は、知識と技術の水準

にかかわるプロセスであり、それは不確実性そのものに支配されている。ゆえに競争をつうじて人は変わるし、人から成る（そして人からしか成らない）組織も変わる。いや、変わらなければならないことがある。

　始めから結果がわかっていたとしたら、それは競争とは言わない。競争をして初めて「俺は遅い」「この人たちは仕事ができない」「彼は凄い」「彼女は切れ者」など、諸々の出来事の発見が、このプロセスの結果として見え、このプロセスにおいて、人（とその拡張体である組織）は、知と技を習得していく。

　逆に言えば、このプロセスへの参加者たちは、互いについて、またその関係について、さらには自分についても実は完全な知や技を持ち合わせているわけではないということでもある。だから、競争は、しばしば孤独であり熾烈であり、また勝者は奢り高ぶることもある。それがつねに不確実性に左右されるからである。

　製品をはじめ、より大きな利得をもたらす知と技は、模倣され伝播し普及していく。この最後の部分、模倣され伝播し普及していく過程は、より利得のあるものを得ようという合理的な選択である。競争という発見プロセスが合理的だと思えるとしたら、それはこの合理的選択が結果として続くからである。言い換えれば、競争という発見プロセスそのものは、リスク計算を超えた不確実な中にある。

　得られた結果により、知と技の新たな普及水準が始まり、それ以前とは時代が変わっていくということである。

2. 知と合意

　諸財（goods）について、売り手と買い手とがまったく同様の知を持っている場合があるとしたら、それはむしろ希なことである。限りない分業と協業からなる社会で生きるかぎり、当事者間に知が完全に共有されているとしたら、それはたいへん希である。むしろ、他より知っていること、他とは違う技が、それらの商品性を支えるものであり、人の存在を支えるとさえ考えら

れるからである。

　産業革命後、製品の製造は、同時に廃棄物の産出と表裏をなしてきた。グッズの製造について、人が完全な知技を持ち合わせていない以上に、バッズについての完全な知識は持っていないはずである。バッズをグッズに変換し、循環システムを構築するには、やはり発見のプロセスが必要であり、最終的には競争に依拠せねばならないはずだが、知と技の完全性が存在するという神話が、つねにこれを邪魔してきた。

　ある財・サービス（自動車、エアコン、原子力プラント、医療…）について確立された知識、確立された技術があるということは、いったいどういうことだろうか。それは、例えば◇◇大学出身の○○博士の発明ゆえに安心であり、安全だということか。あるいは、日本製であるゆえに精密であり、安心で安全だということか。

　しかしながら、自動車は、T型フォードが馬車に取って替わった時とは違い、今やその排気ガスが生態系に与えるリスクを産み続ける。エアコンも、昭和40年代の日本の暑い夏をさわやかにした時とは違い、都市のヒートアイランド現象に関わるリスクともなろう。そして原子力プラント、その増設は火力発電を減らしCO_2削減に寄与し、新興国への輸出は日本に富をもたらすとも言われる。しかしながら、その事故は、日常生活を激変させ、人命も奪い、都市・集落をまるごと機能不全に陥らせるものである。

　そうしたダメージは、日本において誰もが知ることになった現実である。しかしこのリアリティは、仮に廃炉にして、この悪の現実の存在を解消する方法すらもが、深刻なリスクを伴うことも明らかになってもいるのである。

　リスクということについて整理せねばなるまい。社会人類学者メアリー・ダグラスは、明快な表で、科学技術社会がもたらすリスクの分類と解決方向を整理した[5]。

　大学受験、高校受験、資格試験受験、あるいは公務員試験受験のような場合、

5： Mary Douglas/Aaron Wildavsky, *Risk and Culture -An Essay on the Selection of Technological and Environmental Dangers,* University of California Press 1983, p.5. に示されている表を、筆者が邦訳整理した。

知・技

	確実	不確実
合意 完全	問題：技術 解決：計算	問題：情報 解決：調査
合意 不完全	問題：同意 解決：強制・討議	問題：知と合意 解決：？

リスクの4水準

　それを行い、それを受験するという合意に支えられ、かつ試験される知識は、教科書や学習指導要領などで定型化された「確実」のもとにある。その予告範囲外から出されることはないことになっている。

　こういう世界では、試験合格のためのテクニックが問題であり、ひたすら間違えることなく計算し、解答をしていけば結果が得られるということになる。技術不足こそが、落第するリスクを負うということになる。

　優秀なる受験生が、志望する学校に進学したとしても、そこを卒業し、さらに巧く幸せに生きていくことができるかどうか、それはまったく不明である。知・技に不確実はつねにあり、合意が不完全なこともつねにある。それが世の中であり、範囲を予告された領域だけで計算し解答すればやっていけるという保証など何もない。

　原子力プラントは、ほんの最近まで日本では致命的な事故がなく、技術者も、そして取り締まる役所も、知識も技術も確実だと想定し、かつ合意も完全を前提とし、疑念を括弧に入れておくことができた。福島第一原子力発電所の大事故とその後の電力会社、政府、そして科学者という専門家の対応は、この前提を粉々に崩した。

　いや、そもそもそんな前提などなかったのだが、日本は学校身分制社会の傾向が強く、名立たる大学を卒業した専門家や政治家が、「安心・安全」を呪文のように唱えれば大丈夫だと信じさせられてきたところがある。

3. 危険地帯

「リスク社会」という語を造り、そうした「社会」を描き出したのは、ドイツの社会学者ウルリヒ・ベックである。1986年のことである。チェルノブイリ原子力発電所の大事故が、この年に起こっていた。この本は原発事故について書かれたものではないが、西ヨーロッパにおいて「リスク」ということを衝撃的に主題化することになった。

ベックの社会学は、いわゆる学問のための学問ではなかった。「リスク社会」という認識は、その後の社会民主党と緑の党連立によるシュレーダー政権により現実化する。この政権により、原子力発電所全廃決定（2001年）もなされるが、実はそのことも含めて、社会民主党から左翼党が分裂したし、社会民主党でありながら、政策的には新自由主義的な指向性があった。

おそらくそこには、それまでの既知の確実性が、もはや役に立たないということへの確信があったということなのであろう。ゆえに「リスク社会」ということになる。具体的には、社会福祉国家、とりわけ鉄鋼、石炭、自動車など重厚長大な産業の労働組合に組織された労働者と、それら大企業の経営者、そしてそれらを調整し水路づける大きな官僚機構で支えられてきた20世紀後半までの社会国家形態を、同じ世紀前半には実はそれを要求してきた社会民主党自体が改革することになる原理が、このベックの本では提起されているのである。

1990年ドイツ社会学会大会「近代社会の近代化」[6]は、マルクスの社会民主主義とウェーバーの合理化とでなった近代社会を、今一度近代化しようというプログラムへの社会学者のアクチュアルな提言であった。

こうしたリスク社会という社会が現出することになった推進力は、もの凄い勢いで進んだ人の個体化にある。19世紀型の組織労働者と社会民主主義政党という関係では処理仕切れない、不満と不安に目を向けよというのが、ベッ

6： Ulrich Beck, „Der Konflikt der zwei Modernen", in : Wolfgang Zapf (Hrsg.), *Die Modernisierung modernen Gesellschaften. Verhandlungen des 25. Deutschen Soziologentages in Frankfurt am Main 1990*, Frankfurt am Main / New York 1991, S.40-52.

クの基本的な主張であった。1986年のことである[7]。そこでは、労働運動と社会民主主義が20世紀前半に解決したと考えた貧困が、産業社会において、組織化されない人の個体化の極として現れ出てきているという指摘にもつながっていた。

ベックは、後にニクラス・ルーマンが明快に区別したほどには[8]、(Risiko; risk) と危険 (Gefahr; danger) を、概念上、エレガントに区別し切れてはいないところがあるが、この違いを踏まえて、理論を組み立ててはいる。まず何よりも大事なことは、リスクと危険とは違うということである。

回避すべきリスク、あるいは積極的に回避していかねばならないリスクに対して、如何にも処置のできない危険地帯、如何ようにも処置することのできない危険の指摘ということである。

新しい貧困には、組織化された裕福な労働組合では対応することはできない。ライフスタイルが脱標準世帯化していくときに、一律の家族政策では十分な対応などできず、かえって不公正を引き起こすことにもなる。第二次世界大戦後、西ヨーロッパで確立した社会保障制度の基本線を改良せねばならない時代にあった。人の個別化の進行は、不確実性の上昇を意味している。衣食住に最低限の必要 (basic needs) 水準の充足と、物質的豊かさとともに教え込まれた人間の欲求 (informed desire) 水準での充足とは、同じように将来への方向というベクトル性が備わっているとしても、同じ水準で問題処理をしていくことはできない[9]。

先のダグラスの表に従えば、知・技について不確実性が上昇し、合意について不完全状態が生まれるということである。かつては国民の多くが合意できた制度だとしても、今やその合意基盤が怪しくなってしまった制度がある。中身のなくなった制度の貝殻化、死に損ないの生ける死体、ゾンビということになろう。ゾンビという危険が生まれる以前に、リスクを覚知し制度改良

---

[7]: Ulrich Beck, *Risikogesellschaft –Auf dem Weg in eine andere Moderne,* Frankfurt am Main 1986.
[8]: Niklas Luhmann, *Soziologie des Risikos,* Berlin / New York 1991, Kapitel 1.
[9]: 最低限の必要 (basic needs) と教え込まれた人間の欲求 (informed desire) は、James Griffin, *Well-Being –Its Meaning, Measurement and Moral Importance,* Oxford 1986, p.40 ff. によっている。

をしつつ対応をしていかねばならない。そういう意味で、リスク社会ということであり、「近代化の近代化」ということであった。ゾンビだらけの危険社会となってしまっては、もう遅いということである。ちなみに、Ulrich Beck, *Risikogesellschaft*（英語版 *Risk Society*）の邦訳は、『危険社会』となっていた[10]。

　これは、たいへん面白い点である。日本の社会学そのものが、貝殻やゾンビの可能性があるということかもしれない。「日本人は、〈リスク〉という言葉を使うことなく、形式的蓋然性、確実性の技術的限界、安全の程度についてとても的確に論じることができる」[11]。そもそも、日本には「リスク」という概念がない。この引用が指摘する特異性という脈絡で、この邦訳題名を見ると、誤訳ではなく、リスクを考えない文化の問題と言わねばなるまい。そうではあるが、リスク社会と危険社会とは区別できる必要がある。

4. 対概念と反省概念

　危険－安全という対概念に対して、リスクには対になる言葉がない。リスクは、反省概念であり、リスクの解消が、次のリスクを発生させ、リスクの分散が、次のリスクを惹起することになる。

　発生する損害が、行為に帰属するか、あるいは行為以外の、言わば世界に帰属するかにより、リスクと危険を区別することが知られている[12]。

　例えば、風邪薬を飲んで副作用を起こす場合があろう。副作用という損害は、風邪薬を飲むという行為に起因している。そこから出来ている。

　乗客を乗せたケーブルカーがトンネル内で火災、日本人を含む多数の乗客に死者が出た[13]。ケーブルカーは施設ともども、定期検査を受け異常なしとされていた。その国の法律に従い、裁判ではその事業者はその事故について

10： ウルリヒ・ベック『危険社会―新しい近代への道』法政大学出版局　1998 年。
11： Mary Douglas, *Risk and Blame –Essyas in Cultural Theory,* New York 1992, p.40.
12： Niklas Luhmann, „Risiko und Gefahr", in: *Soziologische Aufklärung 5,* Opladen 1990, S.131-169.
13： 2000 年 11 月、オーストリア、カプルンからキッツシュタインホルンのスキー場へのケーブルカー火災事故。

無罪となった。過失ではなく、不可抗力だとされる場合である。これは、事業者という人の行いに責任が帰されるのではなく、そういう状態を生み出した世界に帰されたということになろう。

　定義をしよう。リスクも危険も、ともに損害をもたらす。この損害という出来事の発生を、何に求めるか、言い換えればこの損害という出来事を、何に帰属させるかによって、リスクか危険かについて区別する。リスクは、人の行為選択に帰属する。危険は、世界に帰属する。世界は、出来事の総体ということである。

　そしてリスクは、行為選択に帰属するということで、無限連鎖から逃れることができない。というのは、行為選択は、つねに決断を要するからであり、かつ決断は、またひとつの行為選択だからである。この点で、リスクは、それを回避するという行為そのものが、次のリスクを招来することになる。

　危険に対して、安全を対概念として置く文化が、日本のそれである。今も安心・安全の実現が、たいへん簡単に口にされる社会である。実は、この対概念で落ち着こうとする選択そのものが、リスクを含んでいると考えねばならない。リスクは、そうした対概念で、回避することなど不可能であり、隠ぺいすることも難しい。リスクは、その回避が、次のリスク招来を予定することを承知していなければならない。そのリスクをさらに回避することも、またさらに次のリスク招来を予定することになる。この連関から逃れることができないことを、生きる限り知る必要があるということである。

　リスクを回避して、安心・安全の社会実現をめざすと説く政治家や社会学者の言うことを信じることは、大いなるリスクを冒しているということになるのである。

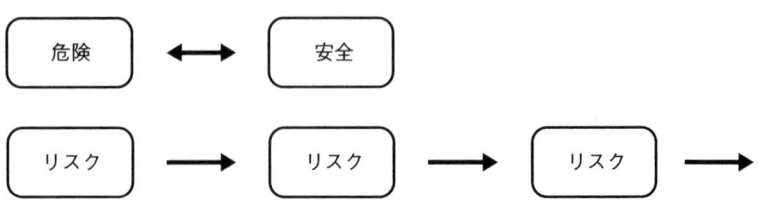

危険とリスクの概念イメージの相違

2. 不安な現在

「人たちがリアルだと諸々の状況を規定するなら、その諸々の状況はそれらの結果としてリアルとなる」[14]。

1. 予言の自己成就

「不安がある」「心配する」というのは、ある人の主観的な表現だとされる。"I am worried that... "、"I feel uneasy about…"などの表現は、主語が「私」であり、主観的だということにされる。

ただし、「私」が主観的に「感じる」「抱く」「思う」それぞれの事がどのように生じているのかを問う必要がある。〈就活〉が心配だ。〈試験〉が不安だという場合に身体的変化や雰囲気に現れる〈事象〉それぞれは、心の中のそれにとどまらず、客観的にも確認できる出来事である。

客観的に確認できる出来事と、不安、心配という心の中に生じる出来事との関係は、社会の構造的な問題のはずだというのが、ここでの前提である。「彼女に振られるかもしれない」と心配することも、「彼に嫌われるかもしれない」と不安がることも、社会の構造的な問題だと断っておきたい。「個人」の問題というのも、それは社会の問題だということである。

社会が、諸々の個人から成っているから、あるいは諸々の個人が集

---

[14]: William Isaac Thomas and Dorothy Swaine Thomas, *The child in America-Behavior problems and programs*, Knopf/New York 1928, p.572.

まって社会が成っているとする考え方を方法論的個人主義（methodological individualism）と呼ぶが、そうしたきわめて素朴な発想に従って、個人の問題が社会の問題だと言いたいのではない。そうした素朴な論証では、日常世界では納得しそうだが、諸々の個人が不安がっているから社会に不安が蔓延し、社会に不安が蔓延しているから、諸々の個人が不安なのだという、終わりのない循環論法となる。

今の存在が消えゆくことへの不安、すなわち「きっと 〜 ということになってしまう」という、予言の自己成就を私たちは実はよく知っている。

「きっと失敗するにきまっていると思い込んでしまうと、不安な受験生は勉強するよりも、くよくよして多くの時間を浪費し、いざ試験にのぞんでまずいことになる。最初の誤った不安は、いかにももっともな不安に変形してしまう」[15] ことになる。

冒頭引用したとおり、「人たちがリアルだと諸々の状況を規定するなら、その諸々の状況はそれらの結果としてリアルとなる」[16] というトマスの公理を踏まえた、このマートンの有名な一節について、そのとおりであることを経験したことがある人も少なくないだろう。

前章を思い起こせば、ここで言う「不安」も、リスク同様に、反省概念だということなのでもある。不安が不安を呼ぶとは、まさに不安の無限反射ということである。ただし、そうだとした場合、不安は、「リスク」とは、理論的にどこが違うのだろうか。上の受験生の一節は、不安の循環、不安の連鎖をよく表現しており、私も、そしてあなたも、そういう土壺にはまってしまったことがあるはずだ。今までにそういうことを経験したことがないとしたら、これからを大いに気をつけたほうがよいだろう

リスクは、先に見たように、その発生因は行為にあった。損害という出来事の帰属点が、何かの行為にあり、そう選択した行為と、起こることになる

15： Robert K. Merton, „The Self-Fulfilling Prophecy", in: *Antioch Review*, 8:2 (1948 June), p.195.〔ロバート・K. マートン「予言の自己成就」『社会理論と社会構造』（みすず書房　1961年）384 頁〕.
16： 前掲注 14 および Merton (1948), p.193.（邦訳 382 頁）.

損害という出来事とが結びつく関係で成っていた。そして、その行為にその行為の主体が事後的に立ち現れることになる。「彼奴のせいだ」「責任はこの人にある」という帰属が確定され、その人の姿が確認される。そうならないために、責任を負わないように、人はあろうともする。もちろん、それも大いなるリスクであり、そうする小心者は、いつも不安とともに生きているはずである。

　そうした「リスク」に対して、不安は、損害という点では共通した出来事を被ることに違いないが、不安そのものは、まだ物理的損害が生じる前の、そういうことになってしまうかもしれぬという、言わば心的なダメージあるいはその予期である。リスクの場合も、同様にこれから起こりうる損害を察知し覚知するということであるが、未だ起こっていない事象による現在の心のダメージという点で、リスクと不安には水準の差がある。「くよくよする」という行為選択が、不安を生むというリスクを生む。「くよくよする」という行為が、失敗し損害を被るリスクの発生について不安を招く、という関係になっている。

　リスク知覚同様に、不安という心的出来事が生起する作動因は体験である。リスクは、行為選択の帰結であるが、リスクの知覚は体験である。不安がらせるというのは行為であるが、不安は体験である。不安も、気の持ち方、行為選択の帰結であり、それにより起こる出来事に関わるが、その発生の知覚、予測、計算ではなく、その出来事の発生について心配し懸念し不安がるということである。

　こういう点では、不安の発生の構造を突き止める必要がある。繰り返しになるが、リスクは、行為の選択がその発生因となっている。

2. 時の二重性

　面接での質問に巧く応答できなくて、試験に落ちてしまったかもしれないと不安に思う場合、それは、巧く応答できなかったという行為に起因するというよりも、そういう行為を選択する自分になってしまっていたということ

に起因するということになろう。だから、済んだことはくよくよ考えても、もうどうしようもないということなのである。

　起こりうるかもしれないという未来の出来事が、今を構成する要素のひとつとなってしまっているのである[17]。リスクを恐れ不安がることはあろうが、それだから不安はリスクとは違った水準の問題である。

　不安は、近代社会の構造的必然である。それは、世界との関係を言えば、近代社会という、人間世界の近代化に由来しているであろう。受験、就活などは、生活というその中のある小さな、しかし典型的発生因であり、近代社会の特徴的産物であるということだろう。

　不安が、近代人の日常、すなわち近代人の現在を構成する基本的特徴だということになろう。不安がまったくないことは、近代社会においては、それこそが不安にもなるというパラドクスとなっているはずである。「安心・安全社会の実現」とは、政治家の軽口でしかない。

　不安がないということが、不安にもなるというパラドクスは、不安は、まさしくこの要らぬ不安が、さらなる不安を呼び起こすという点で反射性があり、心の中では再帰的に連鎖していくということである。

　不安を抱く出来事は、これから起こるかもしれない出来事を予示する出来事である。予示される出来事は、起こりうる出来事への視点の取り方(目の向け方、注意の向け方)であり、人の関心に依拠している。すなわち、「　～ということについて…」と思う関係である。「…」は、不安、心配、懸念であり、これが「　～　」と対応しているかどうかを問うても、心の中に生起する出来事と、これから起こるかも知れない出来事との関係であるから、対応関係があるようでありながら、あるいは結びつけてしまっているとしても、一対一に二種類の出来事、すなわちこれから起こりうることと、心の中に生起することとが一致しているかどうかは、原理的に不明瞭なままである。にもかかわらず、その出来事を、今を構成する要素として取り入れてしまっている

---

[17]: このことを、マートンは「いったん人たちが状況に何らかの意味を割り当ててしまうと、それに続く行動や、その行動のいくつかの諸結果は、そう帰せられた意味により規定される」と明快に指摘している〔Merton (1948), p.194.（邦訳383頁）〕。

のである。

　まだ起こってもいないことについてくよくよするとは、今、現在のことであるがゆえに、現在を構成する要素としてしまっているということである。起こるかもしれないと、そう不安がる未来の出来事と、今それをくよくよ思うということにある対応関係についての確実性はつねに揺らぎもする。これが不安を増幅することにもなる。

　同一の事物に対応する表現が、さまざまにありうる以上、この揺らぐ気怠さを消し去るための確実性は、信念、信仰、忘却ということにならざるをえないが、信念、信仰も揺らぐし、忘却から記憶も蘇える。

　時間構造については後に述べることになるが[18]、時がその二重性により、近代社会が構造化されているということについて考えてみなければなるまい[19]。時についての分節化される二つのイメージが近代の産物だと考えられる。

　フッサールの場合にも、そしてシュッツの場合にも、面白いことに彼ら現象学者たちの、時についての前提は、方向性のある直線、すなわちベクトルで表現されている。川の水の流れ、音楽のメロディ、それらの流れなどで比喩される「時」とは、まさしく流れていくものということで、方向性のある直線で表現してみることができると考えたところがある。時とは、そういうものだと見ているし、私たちも、そう思いがちである。

　「ゆく川の流れは絶えずして、しかも、もとの水にあらず。よどみに浮かぶうたかたは、かつ消えかつ結びて、久しくとどまりたるためしなし」という古文の表現にあるように、こうした時についてのイメージは、必ずしも近代的とは言えぬかもしれない。

　しかしながら、この流れる時間イメージを踏まえて、人は、自らの生活をスケジュール化もしてきたし、とりわけ近代社会の組織原理は、スケジュールをスケジュールすることだと言っても言い過ぎではない。国家をはじめ組織は、ある目標を設定して、そこへと、まさしく時間管理をして人と人の行

18：第5章第1節（60頁以下）。
19：敢えて付け加えれば、トマスの公理、そしてマートンの予言自己成就を時間論により変換するということである。

いを配置していくことに本質がある。この場合に考えられている時ということには、進行する性質があり、方向性があり直線的に表現され、その直線上に時が時点として刻み込まれていくということである。

しかしながら、こうした時のイメージに対して、とりわけフッサールと密接に関係のあったハイデガーは、違ったイメージで、時を考えていた。

『存在と時間』においては、現存在（Dasein）ということが主題にされている。これはたんに「そこにある」「そこにいる」ということよりも、まさに人間が存在していること、存在している人間、存在者（der Seiende）が問題にされている[20]。この「者」にとって、今・現在は、まさしく突如として開けてくるのである。微睡みから目覚めはっとするというイメージがよいのかもしれない。認識は、世界内存在の、すなわち世界の中にいるということの、存在様式である。認識は、世界内存在としての現存在の、すなわち今いるという、存在様相である[21]。こうした開示性（Erschlossenheit）を、時間論の主題として考えねばなるまい。

まさに、今・現在が、そこに開けて迫ってくるのである。そうした開示してくる今・現在とともに、ここにさらに開けていく空間性を問わねばならないことになる[22]。もっとわかりやすく、敢えて言えば、今・現在が、迫り来る、そうした時というイメージである。

これは、近代人の時のイメージの中に含まれている内容のはずである。目標に向けて、一歩一歩着実に進んでいく近代人とともに、目標が日ごとに迫ってくることに、一方で心待ちに期待するとともに、他方でそれがやってくることを大いに心配し、その果てには鬱屈してしまうことが、われわれにはあろう。

さらに言えば、いつか死がやってくるということへの懼れということであ

20：「現存在」という訳語そのものの意味は、ハイデガーに結びつくが、実は「システムの自己観察」と言い換えることも可能であろう
21：Martin Heidegger, *Sein und Zeit*, Tübingen 2001(1926), S.61.
22：ハイデガー『存在と時間』第22節から第24節における現存在の空間性という問題である。実際、ルーマンは、世界内存在の問題を、In-sich-selbst-Seinの問題として言い換えている〔Luhmann (1997), S.870.〕。このあたりのルーマンとフッサール、ハイデガーとのドイツ哲学における関係は面白いが、日本語でそれぞれの輸入研究者がそれぞれの世界で訳することにより、こうした関係の醍醐味はなくなってしまうのが普通である。

り、あるいは死ののち、救われるか否かということへの慄きということが基底にあるということなのだろう[23]。

　一方で進行していく時、そして他方で迫り来る時、これら時についての二つのイメージから、その二重性を考えてみることができる。近代社会に生きる人間は、この二重性から逃れられない。そういう点で、不安は、構造的必然の問題であり、社会の一部だということである。

　それゆえに、不安を、例えば法制度や、教育、学校制度などで解消してしまうことなどはできるはずもないことである。言い換えれば、不安とは、近代のアプリオリであり、それは経験的なものなどではなく、超越論的なものだと考えねばならないのである[24]。

　フッサールにあっては超越論的なものは専門的な理論哲学者の理性によるアプリオリであった、そこへの到達は厳密なる哲学実践により到達することができることになっていた（エポケー）、シュッツにあっては、リアリティを結ぶ世界は諸々あった。活動する世界、夢の世界、科学の世界、幻想の世界など多元であるが、唯一、覚醒して活動している日常という世界があること、そのことが至高の現実としてアプリオリとされた（自然的態度のエポケー）[25]。

　これら19世紀末から20世紀前半までの現象学や現象学的社会学とは異なり、不安こそが、現代社会のアプリオリ、すなわちそれを問うまでもなく前提とせざるをえないというペシミズムが積極的に評価されもするということである。

　ただし、そうしたペシミズムの積極性に依拠するよりは、このアプリオリが、さらに問うことのできない前提などではなく、時をめぐる二つのイメー

---

[23]：シュッツは、こうしたキルケゴール、ハイデガーの概念に論及している〔Alfred Schütz, „Das Problem der Personalität in der Sozialwelt", in: *Alfred Schütz, Werkausgabe Band V.1, Theorie der Lebenswelt 1 -Die pragmatische Schichtung der Lebenswelt,* Konstanz 2003, S.67.〕。

[24]：このことを明確に指摘したのは、ルーマンである。Nikals Luhmann, *Ökologische Kommunikation-Kann die moderne Gesellschaft sich auf ökologische Gefahrdungen einstellen?* Opladen 1986, S.240.『エコロジーをコミュニケーションする─近代社会はエコロジー上の危険に適応できるか』と題したこの本は、文献表に挙げたとおり邦訳がある。

[25]：シュッツにあっては、社会学を展開するにあたり、超越論上の水準は埒外としている。この概念については、後に詳しく触れる〔第7章第2節（129頁）参照〕。

ジの関係から、その構造が成っているということをさらに問うことが可能なはずである。すなわち、一方での進行していく時間、他方での迫り来る時間という対峙関係が作り上げる時空の形式である。

まさしく、その両側からの消え行く点に、存在があるとしたら、消えゆくことの不安はよくわかるだろうし、そのプロセスは心配のそれということになろう[26]。

3. 視線と方位

「私」の不安は、社会の構造的な必然性から、すなわち時の二重性から生じる。したがって、この「私」は、「私たち」ということでもある。

先述のマートンの自己成就予言には、こんな例も挙げられている、「いつもなら土曜にならないと賃金を支払われないのに、明らかに工場から駆けつけた見える20人ばかりがたむろしていて、支払い窓口の前に列をつくって順番を待っていた。(中略)暗黒の木曜日になると、夢中で自分の預金を引き出そうとする預金者の長い行列が益々不安の度を加えてのびて行った」[27]。

銀行での預金の取り付けパニックである。本当は、取り付け騒ぎに見舞われた銀行、通常の預金引き出しには十分に対応できる残高を保有していたにもかかわらず、通常とは異なる数の引き出し者が殺到し、さらにそのことがさらに大きな引き出し者を招来するという関係になっていくとき、ひとりの主観的思いである不安というよりも、不安を呼ぶという再帰的関係が連鎖になっていて、そこに人たちが析出するという関係になっている[28]。

アテネを直接裸眼で見たテイレシウスは盲目にされ、現在を見ることができない。言い換えれば、現在を体験することができない。しかしながら、彼

26：体験の秩序づけ、世界における出来事の順序づけについては後述する〔第4章(45頁以下)〕。
27：Merton (1948), p.193. (邦訳 383-4 頁)。
28：こうした関係について、サールは、「私」の意図と「私たち」の意図との関係で、後者は前者であり、前者は後者である。ただし背景があるという説明の仕方をしているが(John R. Searle, "Collective Intentions and Actions", in: Philip R. Cohen, Jerry Morgan, Martha E. Pollack, *Intentions in Communication,* 1990 MIT, pp.401-415.)、私のここでの論点を明確にするなら、そういう背景があるからというよりは、時の二重性を、誰もが体験できるからだということである。

はテーバイ（Thebes; Theben）の没落を予言した。

　予言も、当然、未来に起こる出来事についてなされるものである。しかしながら、このギリシア神話が言おうとするところは、テイレシウスは、未来だけが見えているということである。盲目であるのに目を向けているということではなく、未来のことには目が見えても、今、現在については見えない。誰にも見えない、その未来に視線が向いている。しかもそのことに彼は興味があるわけではない。さらに彼は、現在についても過去についても関心がなく、それらへの視線は彼にはない[29]。

　これが、予言者の確信であり、確実性（certainty; Gewissheit）とは、まさしくこういう基本構成でなっている。すなわち、その視線は、現在から投げかけられているはずなのに、現在については関心がない。滅んでしまうことについて、くよくよしていない。起こる将来の出来事について確信しているという形式でなっている。

　これに対して、近代人の視点は、未来への視線はあるが、その視線を発する現在にも、いや、それが起こらない現在にこそ大いに関心があり過ぎる。ある場合には、これから起こる未来の出来事であるにもかかわらず、それさえも現在を編成する要素として取り込んでしまうことになり、かの受験生のような情けない結果となる。またある場合には、まさしくまだ起こらない今のうちから不安を膨らませていくことになる。将来への確信は、近代人には稀薄だということである。

　とりわけ、人力、牛馬の力、水、風の力から、木炭を経て石炭、石油など化石燃料によるエネルギー性能が上昇し、食糧生産が増加し、人口が増加するという、一種の正の一次関数の直線的増加を、近代社会の生成と発展と捉える時間感覚でのみ、その持続を体験し続けてきた現在、脱工業化という近代以降の状態になってしまい、その不安は、限りなく大きなものとなっているはずである。現在の物質的繁栄をもたらした成功体験が、さらに大きくなる可能性がもはやないかもしれないと思うゆえである。

29：Alfred Schütz, „Teiresias oder unser Wissen von zukünftigen Ereignissen「Fassung 1945」" in: Schütz (2003a), S.253 f.

二つの時に挟まれて、その両側からの消え行く点に存在があるとしたら、消えゆくことの不安は途轍もないと述べた。しかしながら大変面白いことに、この現在が、時点という点的な存在ということで消えゆくだけでよいのだろうかという問いが立つ。

　流れる時と、迫りくる時との挟撃にもかかわらず、その時点は、面積があるかのように、広がってもいる現在（spacial presence; ausgedehnte Gegenwart）ともなる 30。過去と現在、未来と現在という二分法により時の軸を秩序づけることができるが、現在は、瞬間の現在と、持続する現在という二重性を備えており、これにより、現在が現在でなく、かつ現在は現在であるという、同一性と差異性のパラドクスとトートロジーを成り立たせて存立している。

　人が何事かをする、すなわち決意して行為（act; Handlung）するということは、経験に照らして、つまり過去を振り返りつつ、今、現在の位置から、未来のある時点に向けて、その時に完遂するだろう事象を掲げて（投企）、その未来状態（目的）に到達するように、そこまでのプロセスに行い（action; Handeln）を調整し整序していくことになろう。

　例えば、受験合格するという行為を考えてみよう。さる大学の入学試験に合格するため（目的）に、まじめに授業を受け、参考書をよく読み、問題をたくさん解き、模擬試験を受け、湯島天神でお守りを買うなどの行いを、そのプロセスにふさわしいように調整し整序していくことになろう。投企した合格という未来事象に到達する際に、失敗しないかとくよくよして、そのくよくよ思うことまで、調整、整序のプロセスの中に入れると、入れれば入れるほどまずい結果に結びつくことになろう。不安は払しょくせねばならないのである。

　現在から未来への視線であるにもかかわらず、視線で捉えた未だ起こっていない出来事を、現在の存立に結びつけると、迫りくるその日に対して、何もなしえない私（たち）が、茫漠とした今に慄かざるをえなくなる。その時の現在は、ニュートン的な時間の長さとしては短いかもしれないが、主観的には、あるいはそれにはまってしまっている集団内的には、きわめて広がり

30： George Herbert Mead, *The Philosophy of the Act*, University of Chicago Press 1938, p.65. これについては、第5章第1節（62頁）で再述する。

のある果てしなき今ということにもなる。

こうした事態は、思春期後期の成功や挫折として、人生においてそれ相応の意味がある。むろん、失敗により立ち直れなくなるほどのこともあるが。

しかしながら、例えば日本人は、もっと深刻な事態に遭遇しているとも言える。東日本大震災と福島第一原子力発電所の大事故は、日本のみならず世界を震撼させた。ただし、今や、さる時点での大きな出来事としてしか見えない人さえいる。「あれほどのことは、もう当分の間ないだろう」と。

日本での原発の大事故に対して、日本以上に事の重大さ、すなわち危険を覚知し、先延ばしすることのリスクを知覚し、将来への行為選択をしたのは、ドイツであった。

ドイツ政府が、あたかもテイレシウスのように、未来の破綻を予見して確信とともに原発廃止を決定したのに対して、日本人は、現在の生活の維持に拘泥することになる。次の大災害までという現在に浸るということであり、破綻が起こる確率を、過去から現在までの知見から計算をし直して未来を予測しようということにしているようである。確実性と蓋然性、確信と確率との決定的な違いがここにある。

近代の産業化、とりわけ20世紀中葉からの経済政策は、基本的に、現在性の果てしなき拡張であったということであろう。労働力、鉱工業、製造業、貿易高、賃金すべてが直線的に上昇していくという時間軸に沿って進んできた近代の時間感覚を、際限なく、言い換えれば「最後の一片が燃え尽きるまで」[31]使い尽くす現在として拡張をしてきたのだが、まだなお今一度、その道があると考えたいということなのであろう。

4. 運動の視点

ドイツでは、すでにシュレーダー政権（社会民主党・緑の党連立）のもとで原発廃止を決定していたが、それを2010年秋に一度は延長することを決定

---

[31]：Weber (1920), S.203.（邦訳268頁）。

したメルケル政権（キリスト教民主・社会同盟、自由民主党連立）は、福島第一での事故の後、既定の廃止を改めて確認した。こういう動きに対して、日本は原発廃止ということを決定できないまま茫漠と拡張された現在が続いている。

さらに深刻なのは、政治家たちの「脱原発」、さらには「卒原発」などという言動が、完遂されるべき未来状態を投企しているような体裁でありながら、実は、茫漠とした広がりのある現在を編成するひとつの行いにすぎなくなっていったということである。

その瞬間、まさにその瞬間だけ、それらを主唱してみた政治家たちのイメージは上がるのかもしれないが、まもなくまた次の刺激イメージに取って替わられるということでしかない（疑似行為; quasi-act; Quasi-Handlung）。次の刺激イメージは、オリンピックであってもよいし、三面記事に載る事件であってもよい。マス・メディアをつうじて作り上げられる疑似空間に現れ出るイメージとその刺激連鎖が、今、現在を拡張しているのである。

こうした現在においては、社会運動は、すでに揮発してしまっている。疑似行為も、行為に違いないが、それはパフォーマンスであり、貫徹される行為プロセスのための整序ではなく、次のパフォーマンスへの一時しのぎのパフォーマンスでしかなくなってしまっている。これは行いのひとつであり、かつひとつの行為プロセスへと単定立的（monothetic）に整序されるというよりは、茫漠とした今に多定立的（polythetic）に生成し消失していく体験群のいくつかということでしかないということである[32]。

行為（ενεργώ）は、まずは出来事（γεγονός）である。事の出来が、人に帰属する場合、これを行為と呼んでいる[33]。

$$event_{t+1} = \varepsilon \, (event_t)$$

εは、行為関数。出来事を、人に帰属させていくそれである。この値は、再び出来事のはずである。

---

[32]：単定立的と多定立的は、後述する〔第4章第4節（54頁注57）参照〕。
[33]：Niklas Luhmann, „Handlung und kommunikative Verständigung" in: *Zeitschrift für Soziologie*, Jg. 11, Heft 4 (1982), S.366 f.

しかしながら、行為 (act) が、諸々の行い (action) の集積だとしたら、次のようにも表現してみることもできるであろう (b：創発属性) [34]。

$$act = \sum_{k=1}^{n} action_k + b$$

すなわち、行為 (actum; act; Handlung) は、諸々の行い (actio; action; Handeln) が時間軸に選択、整序されていくプロセスだという意である [35]。テイレシアスは、都市国家テーバイの没落を見ていた。それは、人々の行為過程の最終帰結ということである。彼の視線は、そうした進行していった行為過程のはるか先にある到達点にだけ向いている。

しかしながら、人々の視線は、今その場、その時の行いに向いている。行為（行為過程の終結）と、行い（行為過程を編成していく、その時、その場の行い）は、行為は行いであり、行いは行為であるという同一性と、行為は行いにあらず、行いは行為にあらずという差異性に支えられているが、テイレシアスは、これらを超えて、その視線をそのはるか先にある結末にしか向けていなかった。

疑似行為の厄介なことは、行為そのものではなく、行いという、その時その場において、あたかも行為過程そのものを今一度、再投企する行いだからである。多くの人は、テイレシアスの予言を支える確信とその能力を持ち合わせていないから、この疑似行為に踊らされることになる。

とりわけ 21 世紀の日本人は、そうした格別の現実、すなわち疑似行為で満たされた世界が自然だと考えているかのようである（自然的態度のエポケー）。

社会調査を主務とする社会学者は、この広漠とした現在において、リスク社会の到来を繰り返し告げはする。しかしながら、おそらくその多くは、その作業自体がまたリスクであることに気が付かずに、そうしている。考えね

34：行為体系が単位行為の集積であるというパーソンズに始まる発想とその表記法の延長上で理解できるはずである〔Talcott Parsons, *The Structure of Social Action – A Study in Social Theory with Special Reference to A Group of Recent European Writers,* Free Press/New York 1937, pp.77-82 Note B. 稲上毅・厚東洋輔・溝部明男訳『社会的行為の構造』（木鐸社　1976 年）124-135 頁 付論 B・行為理論体系の諸類型についての図式的概説〕。

35：パーソンズにおける単位行為 (unit act) と行為体系 (action system) を、シュッツにおける行い (Handeln; action) と行為 (Handlung; act) として読み替えている。

ばならないのは、これもまた疑似行為でしかないのではないかということである。

3. 境界の帰属点

「二国間の戦争が〈不可避である〉と信じられている場合がある。この確信にそそのかされて、二国の代表者達の感情はますます疎隔し、お互いに相手の攻撃的動きに不安を抱き、自分も防衛的動きをして、それに応ずることになる。武器、資材、兵員が次第に大量に貯えられ、あげくには戦争という予想通りの結果をもたらすのである」[36]。

1. 境界の区別

ボルツァーノ（Bolzano）という町がある。第一次世界大戦後イタリアの町となった。それ以前はオーストリアの町で、ボーツェン（Bozen）であった。南チロル方言では、ボーツン（Bozn）だという。この町を都にする南チロルは、ドイツ語系住民が過半数を占めているという。

19世紀後半、イタリア王国が成立しイタリア統一を進めていく過程で、未回収のイタリアとして、オーストリア帝国からの併合が求められていた地のひとつである。第一次世界大戦終結のサンジェルマン条約によってイタリア領に、第二次世界大戦中1943年イタリア降伏によってドイツ第三帝国領に、1945年ドイツ降伏直前に、オーストリア領に一時回復したが、1946年以降イタリアの自治領ということになり現在に至っている。

南チロルと、「チロル」とは言うが、地理的に見ればチロルと南チロルの

---

[36]: Merton (1948), p.195.（邦訳384頁）。

間は、アルプスの稜線が走っており、有名なブレンナー峠がある。この峠が、二つをつなぐ交通の要衝である。第一次世界大戦においてオーストリアが敗北した際、イタリアはここからチロルを占領した。

20世紀後半をつうじて、完全自治を求める自治権拡大、さらには独立が二国間の係争問題となり続けた。1960年には、国連総会決議で平和的解決が求められている。

ヨーロッパには、現在はベルギー領にあるオイペン、マルメディのドイツ系住民。あるいはオーストリア領内のクロアチア語住民など、挙げていくと住民と言語、それらと国境線との複雑な関係史という問題が少なからずある。アルザス=ロレーヌの振り子などと呼ばれる、フランスとドイツの係争地もあった。

19世紀から20世紀に至るナショナリズムと戦争という問題は、こうした国境線画定ということに起因している。そうした問題は、ヨーロッパにおいても冷戦後の旧ユーゴスラビア内戦を経た後も完全に消え去ったわけではない。言葉、生活、宗教宗派、そしてこれらに国家間の境界線という問題が関係している。「固有の領土」などという主張は、そもそも存立しえないとも言える。

そうではあるが、アルザスの中心都市ストラスブールには、現在、欧州議会本会議場が置かれている。ヨーロッパ共同体の理念が具現化した象徴と言うことができる。

地続きで国境を接し合っているヨーロッパに対して、海に囲まれた日本にとって、韓国と日本の間にある竹島と、中国と日本の間にある尖閣諸島は、係争地問題として紛糾させる要因を含みながら、前者はサンフランシスコ講和会議後から、後者は日中国交回復後から、「領土問題ではない領土問題」「係争中ではない係争問題」のように存在し続けてきたが、21世紀に入ってそれは圧縮され誇張されてにわかに騒々しい問題となった。

ヨーロッパでのそれらと大きく違っているのは、現在、これらの場所に住み生活を営んでいる日本人はいないということである。そして何よりも島であり、地続きではないということである。漁業資源と、さらに尖閣諸島の場

合には、あると推定される石油、天然ガスが、問題の複雑性を増幅させている。

東京に住む素人目には、そして素人目であるゆえに、多くの日本人の日常の言葉と生活から切り離されているという点で、これらの島々の問題は、もっと無関心に、その結果として平和に解決できそうに思えるのだが、外交および防衛問題として、これらが専門的に解決せねばならない問題とされている。しかしながら、尖閣諸島については、2012年以降、リスク処理という水準とは異なり、きわめて深刻な危険とも言いかねない状態ともなっている。日本と日本人の生存にとって、この問題を問題として対処する方法に存在する危険を考えねばならない。

すでに見たマートンの自己成就予言の挿話には、冒頭に掲げた次のようなものがある。

「二国間の戦争は〈不可避である〉と信じられている場合がある。この確信にそそのかされて、二国の代表者達の感情はますます疎隔し、お互いに相手の攻撃的動きに不安を抱き、自分も防衛的動きをして、それに応ずることになる。武器、資材、兵員が次第に大量に貯えられ、あげくには戦争という予想通りの結果をもたらすのである」[37]。

こういう状態を、人は引き起こすことがある。まさしくきわめて深刻なことに、21世紀に入り、日本はこういう状況にはまってしまっているとも言うことができる。「人たちがリアルだと諸々の状況を規定するなら、その諸々の状況はそれらの結果としてリアルとなる」[38] ということである。

竹島は、李承晩大統領による李ラインによる一方的な占領ということにもなろうが、こうなる原因は、1951年のサンフランシスコ講和会議に、大韓民国が、かつて日本の植民地であったということで、言い換えれば対日戦争における戦勝国ではないということで、これに参加することができなかったことに、そうする理由があったとされる。

尖閣諸島の問題は、1894年の日清戦争直前の日本による領土編入から始

---

[37]： Merton (1948), p.195.（邦訳 384 頁）。
[38]： 前章冒頭（15 頁）同様、Thomas (1928), p.572.

まるとされる。ずっとその後になって、この海底には天然ガス、石油の資源があるとされ、それらをめぐる資源ナショナリズムという側面もあるが、そういうこと以上に、21世紀に入り中国が世界第二の経済大国となり豊かになったのに対して、日本が1990年代前半のバブル崩壊から経済が低迷し続け、かつての経済大国のポジションを急速に失っているということ、2007年からは総人口も減少し始め、国力に明らかな陰りが出ていることとも大いに関係しているはずである。

国境は、国家意志により、戦争も想定しその領域確保を貫徹する力により引かれる。そして、それゆえにグロチウス以来、戦争よりも国際法の理念に従い、その画定は、法と理念により制御せねばならないものともされる。19世紀末以来、東アジアでの国境線の変更の多く、とりわけ大日本帝国が関わってきた多くは、法というよりもまさしく力によるものであった。むしろ法的ということを挙げれば、日本降伏に際して受諾したポツダム宣言には、カイロ宣言の条項は履行するとあり、日本国の主権は本州、北海道、九州および四国ならびに「彼ら（合衆国大統領、中華民国政府主席、英国首相）」の決定する諸小島に限られなければならないと、はっきりと書かれてある。

こうした問題の本質を、もっと論理的なレベルで主題化してみたい。

境界を画定するという、その内と外との区別は、その内側が決め、そしてその内側が外側を感じることなのか。その外側から決められ、その内側がその境界を感じることなのか、あるいはそれ以外の可能性があるのか。「固有の領土」という主張は、内側から決めその外側を感じるということになろう。ポツダム宣言受諾は、「彼らが」外側から決め、その境界を「われらが」内側から感じるということになろう。

2. 圧縮と誇張

スペンサー＝ブラウンは、指し示しの算法という天才の発想で、区別の論理の根本を作り上げた[39]。それに基づいて、「日本とは」ということを表現してみよう。それは、おそらく次のように表現してみることができるであろう。

3. 境界の帰属点

> 日本

鉤印が国境を示し、それで区切った形式が「日本」だとしよう。例えば日本政府が「日本である」と固有の領土を主張している状態であり、また例えば私が直観的にあるいは日常的に「日本とは」と、それと他とを区別して論じている状態である。

さらに挙げれば、初めて日本にやってきた外国人が、成田空港からスカイライナーで東京にやって来て、漢字、かなに交じってアルファベットで表記された案内表示を目にし、交わされている言葉のほとんどが日本語、出会う人のほとんどの髪が黒いなどを体験して、"I'm in Japan."と思う場合もそうであろう。

そうした時、この初めて日本にやってきた外国人は、「日本」をそれ以外の、例えばこの人の故国と区別しており、"I'm in Japan."と表現してみるということになる。

しかしながら、ここで問わねばならないのは、鉤印が国境を示し、それで区切った形式が「日本」であると、上述の「彼ら」が決めるのではなく、日本政府が「日本である」と「固有の領土」を主張している場合である。国境を画定する国家意志があるとしたら、そうした意志による区別と、初めて日本にやってきて感じた直観的な区別とは、どのように違うのか、つまりそうした、おそらくは区別を認識する原型と、あることが前提になっている「国家意志」によるそれとは、どのように違うのかということである。

「彼ら」の区別でもなく、また国家意志の区別でもない、原型的な区別においては、「日本」ということの「全体」、つまり「知ったことの全部」は、その全部を必ずしも明示できない暗黙知 (knowledge in hand; implizit bleibendes und habituelles Wissen) とともにあるはずである。ゆえに、完全に四角で閉じられず、

---

39 : 第7章第1節(121頁以下)において、スペンサー＝ブラウンならびにそれをもとに展開したディルク・ベッカーの表記を多用するが、その主旨は、説明の複雑さを圧縮することにある。なお、スペンサー＝ブラウンの書は、George Spencer-Brown: *Laws of Form*, London 1969.〔大澤真幸・宮台真司訳『形式の法則』（朝日出版社　1987年）〕である。

鉤で区切ったというのが、区別として妥当な表示ということにもなろう。

　しかしながら、この暗示も含んで区切られた形式からその外側へ、その境界を横断して、今一度、問うことも可能である。例えば「日本」とは何かと、その境界を今一度超えて問い返す場合である。それは、次のように書いてみることができる。

　　$\overline{\overline{日本\rceil}}$ ＝ 日本

「日本」とは何かを区別し、その境界を今一度横断してみるということで、鉤が二重になっている。ただし、「二度の横断は、その値を持たない」（公理2．横断の法則）[40] ということで、そのものがそのもののまま出てくるということになる。すなわち、原型のままということであり、最初のそもそもの区別の「取消（無化）」ということになる。

　上の式は、「日本」とはそもそも何かという原形式を問うということだということになる。しかしながら、おそらくは同じだが同じではない知の状態となっているはずである。暗黙知も含む知をそういう明確には括れないということで、利用可能な知（knowledge at hand; verfügbares Wissen）として確認したということになろう[41]。「日本」は、こうした行きつ戻りつ、繰り返しの横断で、その知を識ることになることで捉えるに留まるのが妥当であろう。そうした原型のままの問いが前提にあり続けるのが、予言の自己成就に結びつかず平和の前提のように思える。

　もちろんこうした最初の区別の「取消」に対して、「圧縮」を考えることもできる。「日本」として区別されたその「日本」について、繰り返し注意を向ける場合があろう。「これが日本だ」「これこそ日本だ」と繰り返す場合であり、さらには「固有の領土」という新たな区別をする場合である。この場合には、「彼ら」の決める区別の論理も持ち出されることになる。

40： Spencer-Brown (1969), p. 2.（邦訳2頁）。
41： 指し示しの算法とは別に、この知の形態の区別は、Schütz (2003a), S.282. E.18. にあるマーチン・エンドレスとイリヤ・スルバールの解説に拠っている。

⌐日本⌐ ⌐日本⌐ = ⌐日本⌐

　こうした関係を圧縮の形式と言う[42]。初めて日本にやってきた人も、日本にしばらくいるうちに、"Japan is ... "と、得た種々雑多の思いの形式を圧縮して言うことになろう。日本をわかってくるということである。
上の式が可能であれば、次のようにもなろう。

⌐日本⌐ ⌐日本⌐ ⌐日本⌐ = ⌐日本⌐ ⌐日本⌐

　もちろん、これは最終的にひとつに圧縮される。すなわち、日本とは、日本だということである。
　すなわち、「日本」ということについての諸体験は、原体験の区別とその取消、そして同じことの繰り返しの確認と、その「圧縮」により成っている。
　これらの関係を理解すると、さらに次のように、これらの逆を考えてみることができる。すなわち、「誇張」ということである。
　日本について、われわれはいろいろに言ってみることができるということである。「日本」を声高に論じる人が、いつも騒々しいのは、こういう形式をしているゆえである（誇張1）。

⌐日本⌐ ⌐日本⌐

さらに誇張すると（誇張2）、

⌐日本⌐ ⌐日本⌐ ⌐日本⌐

ということになるし、さらに次も同様である（誇張3）。

⌐日本⌐ ⌐日本⌐ ⌐日本⌐ ⌐日本⌐

42：Spencer-Brown (1969), p. 5.（邦訳5頁）。

まとめると、「日本」ということの区別は、圧縮され、かつ誇張されるということになる。「一般に言及の短縮が認識の拡張を伴い、言及の拡張は認識の収縮を伴う」[43] ということである。予言が自己成就しないようにするためには、この関係を確認して、原型に戻り続ける必要がある。

3. 区別の区別

　圧縮と誇張で区別される日本であっても、横断の繰り返しであれば、実はそれはそれで安定している。問題があるとしたら、それは、横断の繰り返しを中断して、境界のはっきりしない様態を、さらに区別してみようという場合である。

　区別した「日本」が、「本当の日本」だとさらに区別することができる。この区別が、圧縮と誇張の繰り返しのままにならないようにするには、「本当の」区別が本当である必要がある。「本当の」と「そうではない」という区別が、「本当の」区別か、そうではないのではないかという問いが出てこないようにして、正真正銘の「固有の領土」であることを主張せねばならなくなる。

　「本当の日本」→「『本当の』は本当か」→「下関条約より前に編入していたから」→「沖縄返還に際しても前提となっていたから」→ …などとなるのだろうか。

　例えば、国際司法裁判所に提訴してその判決を仰ぐという方法を選択し、区別を当事者外の、客観的とされる審級に求めないとしたら、このプロセスは、再び誇張と圧縮に陥ることになろう。これは、「彼ら」の誇張と圧縮と齟齬を生み、予言が自己成就してしまう可能性が出てくる。

　「尖閣諸島は、日本の領土である」というのは、「本当の本当の本当の…」ことなのであるという状態に到達せねばならないということである。なぜかと言えば、その「本当の本当の本当の…」区別をするのは、他ならぬ内閣総理大臣であるからということになったりもするからであり、あるいはこの人

---

[43]：Spencer-Brown (1969), p. 10.（邦訳 12 頁）。

が、外交と防衛の専門家たちをまとめる頭領だからであったり、国家の最高責任者だからであるということにもなろう。挙げ句の果てには、元首相の孫だからという論法も可能にさえなる（区別の閉鎖）。

しかしながら、そうやって区別の閉鎖をどこかで一方的にやり抜ければよいのだが、そうした閉鎖は、「彼らの」決める区別として、まったく同じ論法で閉鎖することもさほど難しくはない。閉鎖は、次のように示すことができる。

区別と表象1

| 本当の日本 | それ以外 |

区別の閉鎖[44]

| 本当の日本 | それ以外 |

当然、この閉鎖は、この閉鎖をする審級、すなわち当該の区別とは水準が異なるところでの、区別が問われることになる。その区別は、次のような観察者（主張者）によりなされているのかもしれない。しかもこの区別をどう閉鎖することが可能かもつねに問われ区別される可能性がある。

区別と表象2

| 総理大臣 | それ以外 |

記号の閉鎖2

| 総理大臣 | それ以外 |

本当の日本の根拠づけ（再算入）

| 本当の日本 | それ以外 | 総理大臣 | それ以外 |

44： Spencer-Brown (1969), p.65.（邦訳 74 頁）。

こうした形式は、そもそも日本の内部的視点に偏っているとも言える。総理大臣だとしても、より一般的に考えれば、次のようであろう。

```
| 本当の日本 | それ以外 |   x   | それ以外 |
```

そして、x はいろいろ代入して考えてみることができる。もちろん国会や国民というのが、教科書的な説明にもなるが、自由民主党であったり、民主党であったり、それぞれの政党内部の力であったり、さらには米国政府であるとも言うことができることもあろう。

しかしながら、これらの場合も、日本とは、すなわち本当の日本とは、それへの注意の圧縮と誇張のはずであり、かつその注意の帰属先の区別、それへの注意の圧縮と誇張ということであろう。言葉遊戯をするということで終わるのであれば実はそれでよく、それこそが「本当の日本」的な性質なのだが、そうした言葉遊戯がリスクであり、それが言葉遊戯などではないと、自ら「決める政治」を実行しようとすると、それは大いなる危険となろう。

4. 人と帰属

この言葉遊戯がたいへん厄介なのは、区別が、ただ誇張され圧縮されるにとどまらず、区別を外側から確定すると、その帰属先が具象化する可能性があることである。「日本」をめぐる形式が圧縮され、あるいは誇張されるのみならず、そもそもの区別そのものには力が作用する。その作用の帰属点に析出するのが、人およびその派生体である。

もちろん、「総理大臣」が析出し、そのように区別されるように、人は色々に区別される。無神論者は、そもそもその区別は人が行っているとする。有神論者は、人間と神の区別は、神が行うとするであろう。そし

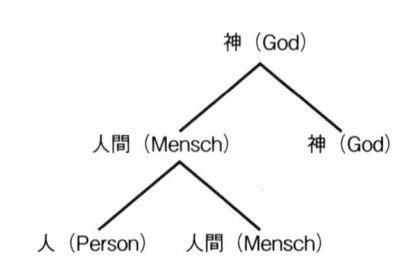

```
              神 (God)
              /    \
       人間 (Mensch)  神 (God)
        /    \
  人 (Person)  人間 (Mensch)
```

て、人間は、人と人間に今一度区別される。この前提は、区別する神あるいは人が存在して、それらの力により区別されるということでもある。

　ドイツ連邦基本法の前文は、次のようになっている。「神と人間に対するみずからの弁明責任を自覚し、統合されたヨーロッパの中で平等の権利を有する一員として、世界平和に貢献しようとする決意に満ちて、ドイツ国民は、その憲法制定権力により、この基本法を制定した」とある。見えざる神の力を仮定している。

　あるいは、アメリカ合衆国大統領は、その就任式においてその憲法に従い宣誓するが、"So help me God." で結ばれるのが慣例となっていると言う。やはり神の力が仮定されている。

　しかしながら、例えば、大日本帝国憲法「第3条　天皇ハ神聖ニシテ侵スヘカラス」を思い起こすと、「神」の現在する意味は大きく変わり、「本当の日本」の意味は、途轍もなく怪しくなろう。

| 本当の日本 | それ以外 | 人間 | 神 |

　ドイツ基本法の前文、あるいはアメリカ大統領の就任式における宣誓における神の仮定と、125年ほど前に突如、機軸として発想の輸入により急造された国家神道における神の概念捏造との間にある区別をどう捉えるかはきわめて厄介である[45]。

　この急造された国家神道における神と、多様な民間信仰のそれ、そして日中戦争、太平洋戦争敗戦後、国家神道廃止による新興宗教簇生に現れる「巷の神々」は、まったく水準が違う神々であると区別することも可能である[46]。そして明治時代に、突如、神だとされてきたものが、敗戦後、再び人間宣言

45： よく知られているように、丸山真男は、伊藤博文が1889年枢密院帝国憲法草案審議において憲法制定の根本精神を披瀝したことを示している。伊藤の文章は、次のようである。「抑、欧州ニ於イテハ憲法政治ノ萌セル事千余年、独リ人民ノ此ノ制度ニ習熟セルノミナラス、又宗教ナル者アリテ之カ機軸ヲ為し、深ク湿潤シテ、人心此ニ帰一セリ。然ルニ我国ニ在テハ宗教ナル者其力微弱ニシテ、一モ国家ノ機軸タルヘキモノナシ」丸山真男『日本の思想』（岩波新書　1961年）29頁。

さえしている。

　日本における、「神」のそうした特異な政治コンテクストは、キリスト教神学との関係で彫琢されてきた憲法体系とも社会科学の体系とも非連続な関係にある。

　日本人は、圧縮と誇張、そしてそもそもの区別という行いの帰属点に析出する人およびその派生体を、さらに区別する際の基盤を、再び人、あるいはその派生体に結びつける以外に術がないということである。仮に「神」に遡及しようとしても、それは絶対に、確実性の問題ということにはならずに、不安な現在と、リスクに満ちた現在に結びつけ続けざるをえない。そうした宿命にある。

　広漠とした地平の広がる位置からの区別ということになろう。政治家か外交官か市井人か、その位置の特権性は、再びそれぞれの根拠を引き出して来なければなるまい。それは再び、位置と地平の関係に分解されることになろう。

| 本当の日本 | それ以外 | 位置 | 地平 |

　そして、このことは、神の国ではなく日本人の国としたとしても、この国が、多くの制度を輸入し模倣してきたことにより、その輸入元、模倣元のそれらに対しても、たいへん特異な位置に立ってしまっている。

　例えば、公民権の拡大と、それに伴うネーションの再画定という問題があろう。アメリカ合衆国の場合、1950年代よりも前から、アングロサクソン白人プロテスタント以外の、ヨーロッパ、中米からの移民、すなわちラテン系、カトリック教徒、さらに東ヨーロッパからのロシア正教徒、南ヨーロッパからのギリシア正教徒、そしてユダヤ教徒のインクルージョンが重要な問題であり続けた。

　それゆえに、ネーションを社会的共同体（societal community）として、社会

46：奇しくも尖閣諸島問題を先鋭化させるきっかけを作ることになった仕掛け人であるが、石原慎太郎『巷の神々』（サンケイ新聞出版局　1967年）は、日本の新興宗教の簇生を詳細にまとめた宗教社会学研究として重要である。最近新装再版されている。『石原慎太郎の思想と行為　第5巻　新宗教の黎明』産経新聞出版　2013年。

の統合機能を問うことが社会学の主題ともなっていた[47]。国家が社会を統合するという、日本の国家（依存）主義の習性とは大いに異なっている。

　エスニシティの多様性に対するネーションの規定という問題を、20世紀後半のグローバル化の進展に対して、日本はきわめて特異な形でしか対応することができなかったはずである。

　社会的共同体としてのネーションという主題は、言語共同体としてのそれとも関わる。日本の場合、日本語が、そのための媒体として機能することになるのだが、世界社会内でのこれの特殊性もリスクを含んでいる。

　仮にトランスナショナリズムを指向するとしても、数多ある言語の多様性に寛容であるとともに、ツールとしての共通語を受け入れることが容易くなく、その言語を軸にして、通商や外交の技術論であれば可能だろうが、生活形式に密接に連関した諸論点をディスクルスすることが難しいとしたら、係争の地に地域共同体の議論の場を築くことはできまい。

　誇張と圧縮、そして区別という行いの帰属点に現れる人（国民）について、その多様性を許容する視点を欠き、かつ前述の一般化され抽象化された神概念との関連も欠いていることにより、「本当の日本」という発問への応答に際して、その帰属点に現れ出る「人」には、20世紀を経てきたその履歴に、残念なことに厚みも広がりもなく、不安があり続けるのである。

　極端な場合には、きわめて家族的な事情、例えば世襲政治家一家の教育や、そうした伝統と因習でしかなく、それが国家制度変更の基礎にさえなってしまいそうな環境がつねにある。「日本」を、鉤で区別し、誇張し、また圧縮して表現する際に、言葉遊戯を超えて、その論拠を提示しようとすることに大きなリスクがあり、危険に囚われて身動きできなくなる可能性もあるということである。

---

[47] : Talcott Parsons, "Full Citizenship for the Negro American?" in: *Politics and Social Structure,* Free Press/ New York 1969, p.254 ff.

第2部　社会体系論

4. 秩序

1. 原秩序

　視線の変化に代表される知覚の変化は、出来事の発生に対応している。出来事の発生とともに、知覚の変化、例えば視線の移動、言い換えると視点から伸びる二つの視線間に視角が生じ、それが時空の分節を生み、その差異を改めて捉えると意味が発生する。知覚の差異、代表的には視角を生む視線の変化は、遠近あるいは長短という差異の発生ということであり、この区別に意味発生の原初があるはずである

　そしてこの意味も、視点が眼球とともにつねに変動することに代表されるが、知覚する感覚器の運動とともに、知覚の変化が連続することにより、出来する事は連鎖していく。意志などと言うものも含めて、その大部分は偶発的な出来事の連鎖であり、生じる差異を区別することが起こるか起こらないかの蓋然性が最大に高まるのは、それが起こるかもしれないし起こらないかもしれない、確率２分の１ということのはずである。そしてこれが継起し連鎖をしていくということになる[48]。

　これは、ウィナーの時系列表現ということにもなり、ブラウン運動に通じる道だとされている[49]。そうしたありえそうもなさ、その非蓋然性が、ひと

---

[48]：これは、よく知られた、次のような表現でまとめられることになろう。

$a_1 a_2 a_3 \cdots a_n = \frac{1}{2}a_1 + \frac{1}{2^2}a_2 + \frac{1}{2^3}a_3 + \cdots + \frac{1}{2^n}a_n$　Norbert Wiener, "Time series, Information, and Communication", in: *Cybernetics: or control and communication in the animal and the machine,* MIT Press 1948, p.61.

つの秩序のはずであるが、一種の乱雑さ（エントロピー）が最大になる状態に対して一定の制約がかかって秩序ができあがっているということでもある。社会秩序があるということは、後述するが、身体運動が、時空という感覚系を分節化し、これに言語表現の可能性と不可能性が関わり、さらにそれらの発生とそれらが帰属する人（およびその延長・拡張・派生体）が関係し、複雑ではあるが、一定の制約ある世界が分出しているということである。

ただし、そうした分出と区別を捉える感覚器そのものを延長し拡張させることが過去百年の間に先進工学的に可能ともなっていった。言い換えれば、人間の社会的世界は、人間の身体の工学的拡張により、とりわけ20世紀をつうじて大きく変更され、今や私たちは、かつての制約も変化させていく、そういう世界を前にしているとも言える。

社会秩序を考える、その原秩序を想定するとしたら、この身体の工学的拡張の可能性ということ、まさにそれとなるであろう。

2. 空間の区別

われわれの社会的世界の分節化は、区別という知覚によっており、視角がその代表であり、それにより世界が広がる[50]。そしてその前提は、つねに可動する視点であるにもかかわらず、ある状況において別個体の間にも一瞬の一致する可能性があることにある。われわれは左のようなイメージで、ある

---

[49]：そして、同様の問題について、今ひとつの別の表現を持ち出すこともできる。すなわち、生起確率が、$p_1, p_2, p_3, p_4, \cdots p_n$ を有する可能な記号集合があるとすると、

$$H = -\sum_{i=1}^{n} p_i \log p_i$$

すなわち、$H = -(p_1 \log_2 p_1 + p_2 \log_2 p_2 + \cdots + p_n \log_2 p_n)$ という、シャノンによるボルツマンのH定理の援用であり、2を底とする対数であったことを思い出すことになる。Claude Shannon/Warren Weaver, *The Mathematical Theory of Communication*, Illinois UP 1949, p.14.〔植松友彦訳『通信の数学的理論』（ちくま学芸文庫　2009年）34頁以下〕。

[50]：このことを理論的に明瞭にしたのは、シュッツである。その学説論的ななぞりはここでは省く。

事態について一致を体験することがある（同時性）51。

　しかもこうした一致は、face-to-face の一対一関係に限られるわけではない。右のように、3人以上であってもありうる状況である。

　面白いのは、こうした一致の体験は、一致しない場合であっても、その状況を想像することで、われわれはまさにその場にいるように想像しながらその状況を理解することができるということである。すなわち、私がここに掲げた二つの図を、あなたがかつて体験したことがあることとして思い出し、これらをなるほどと理解するはずである（疑似同時性）。

　もちろん発生論的に考えて、そうした状況の一致が、次のようなものだったと言い切ることも、さほど誤りではないであろう。人は、また別の人といろいろに関係していることも理解できるはずである。

　ただし重要なことは、家族関係や、母子関係が基礎だということではない。そうではなく、私たちが同時性という一致を知っていることによって、それとは違う関係も、同時的でなくても、したがって疑似同時的として捉えることができるということであろう。同時性と疑似同時性は、それらの差異にもとづいて、一方から他方を類比することができるということである。上のシルエットのような接触状況を、わたしたちは過去に体感し、見知り、聞き知っ

51：理解の助けのための「人」のシルエット図 (46頁から51頁、59頁、76頁、77頁、108頁) を用いているが、著作権フリーの原画をもとに著者が、加工を施して作成したものである。原画とまったく同じものは使用していない。

ていることによって、今、この本を読んでいるときでも、想像して状況を理解してみることができることになっているはずである。

さて、同時性に支えられた関係を、シュッツに従い直接世界 (Umwelt)[52] と呼びたい。というのも、シュッツの明快な理論は、同時性における一致に対して、疎隔のある非直接的な世界を区別しているからである。直接世界に対して非直接世界が分節化するということである。すなわち、直接性とは、右の図でイメージされる関係であるが、これに対して非直接性とは、この関係の face-to-face の性質が希薄になっていく状態のことであると考えればよい。

この直接世界と非直接世界という区別（分節化）は、視角の差として広がる空間のことであり、それらは区別されるだろうが、概ね同時的なはずである。その区別は、まさしくその視角の差分にあり、直接的な身体関係を考えれば、親密度の高い直接世界から、匿名度が増していく非直接世界が広がると考えることができるはずである[53]。上のような二人の息の合った関係（必ずしも、男女ということは重要ではない）と、それ以外の相対的に離れ隔たりがある関係という、区別される二つの水準で、同時性というものが成っている。

「あなたへ (You-orientation)」の視点と「あの人たちへ (They-orientation)」の視点が分節化することで、直接世界と非直接世界という区別から、次の水準、すなわち直接世界を含んだ非直接世界が、同時世界 (Mitwelt) として、それ以外とに区別される[54]。すなわち、今＝同時の世界と、例えば後続する将来の世界との分節化も可能となる。次のようになろう。

52：独和辞典だけに頼れば違和感のある訳語である。Jacob von Uexküll, *Bedeutungslehre,* Leipzig 1940, S.9 ff. にある "Umwelt und Wohnhülle"、すなわち外界と住処ということでの「外界」だが、次の Mitwelt との関係で、直接世界とした。

53：四つの社会的世界分節化は、シュッツが『社会的世界の意味構成』第4章で詳細に提示した、現代の社会科学への最も重要な貢献のひとつである。Alfred Schütz, *Der sinnhafte Aufbau der sozialen Welt –Eine Einleitung in die verstehende Soziologie, in: Alfred Schütz, Werkausgabe Band II,* Konstanz 2004.〔佐藤嘉一訳『社会的世界の意味構成―理解社会学入門〔改訳版〕』（木鐸社　2006年）〕。

二重線の円盤は同時世界を示しているが、そこを貫通する時間軸は、直接世界を貫通するそれとも、また「あの人たち」と指示された世界を貫通している時間軸とも異なっているであろう。それぞれの世界は、それぞれの時間性がある。

図の真ん中を貫通する時間軸を考えるなら、この同時世界という水準に対して、縦の時間軸上のどこかに、過去および未来の別の水準を考えてみることもできるだろう。シュッツに従えば、後続世界 (Folgewelt)、先行世界 (Vorwelt) ということになる。

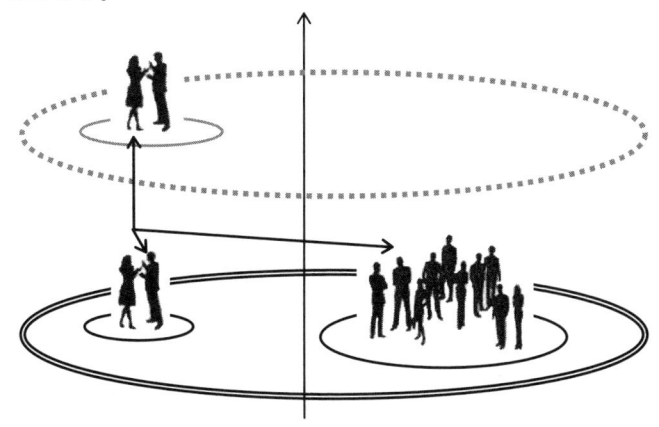

54：Mitwelt は、「共時社会」という訳語の方が、同時性と疑似同時性の場合の「同時」と混乱しなくてよいような感じもするが、「同時世界」という訳語が定着しているとともに、20世紀の工学的進化がもたらしたものが同時性の拡張だったということで「同時世界」という言葉を敢えて使っていく。

二重線の円盤が同時世界を示し、点線の円盤は後続世界を示している。今の時点から、「私とあなた」とは、想像をして将来の「私とあなた」の様子を投企してみることができるであろうし、同時世界内において、「私とあなた」の直接世界と、「あの人たち」も含んだ同時世界とを区別もしているであろう。二つの円盤をベクトルが貫いているが、この全体を貫く時間軸ということになろう。

当然、後続世界に対して、先行世界もある。今ある同時世界は、それに先行する世界と関係させることができるはずであり、そこにも同様に視角、視点、視線の差異を考えてみることができるはずである。

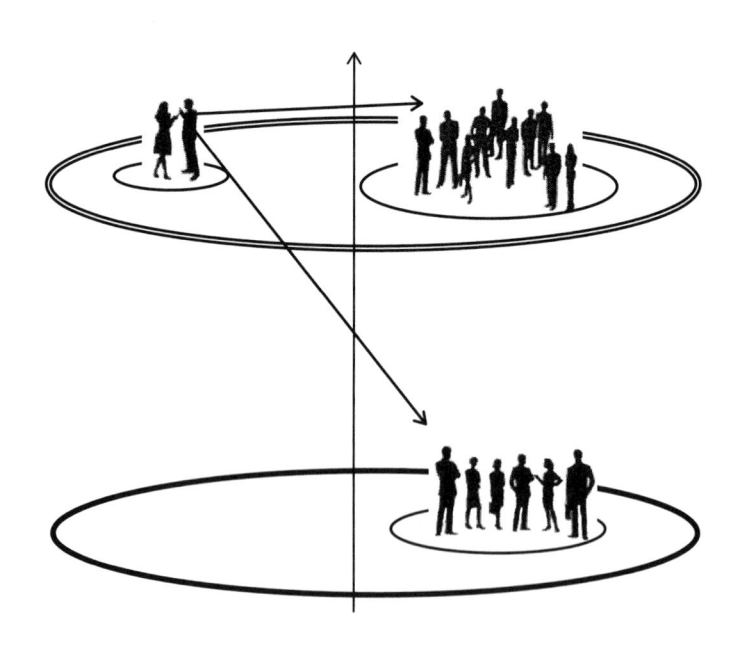

これらを踏まえて、さらに拡張して、過去、現在、未来、すなわち先行世界→（直接世界を含む）同時世界→後続世界をまとめると、次のような配置となろう。

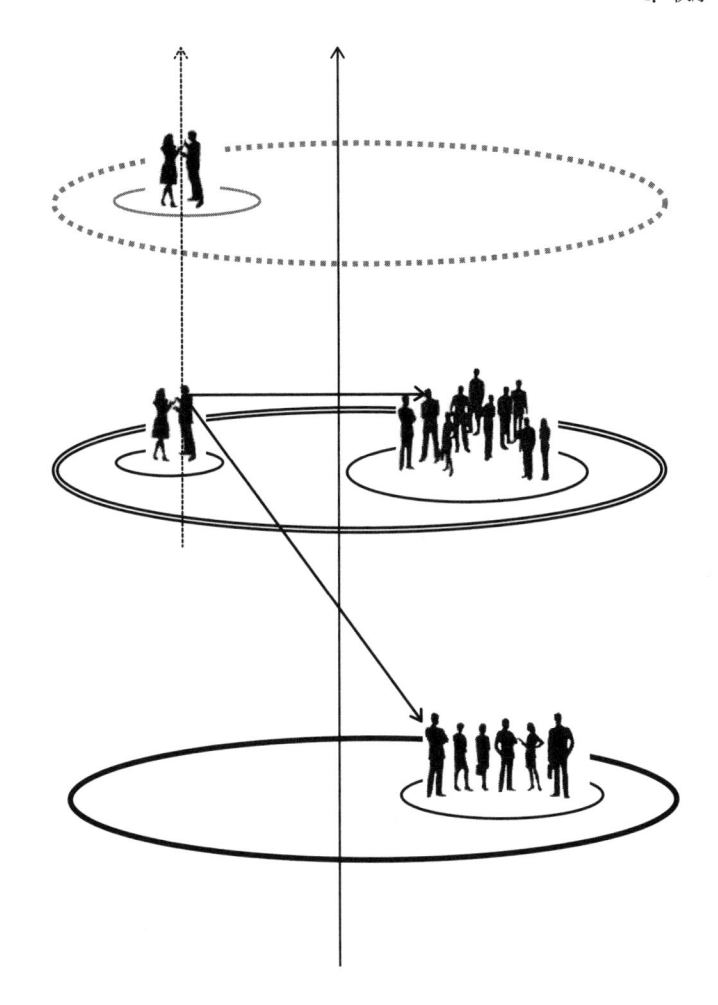

3. 時の区別

　視線の差異、視角の発生、そして視点の変動という一連の受容器諸体験の連鎖およびそこにおける差異に時間性があるとすでに述べたが、それらを前提に、上の社会的世界の分節化、すなわち直接世界、同時世界、先行世界、後続世界の四つについて、次のように略図して考えてみることができるはずである。

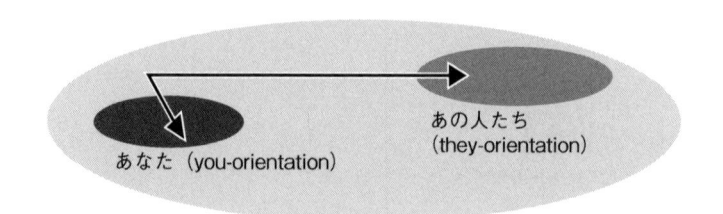

「あなた」に対して「あの人たち」「彼ら」「彼女ら」「あいつら」、すなわち「you」に対して「they」という遠近感の区別である。これらは、親密度の高い関係と、匿名度が増した関係、直接性と非直接性として区別できる。

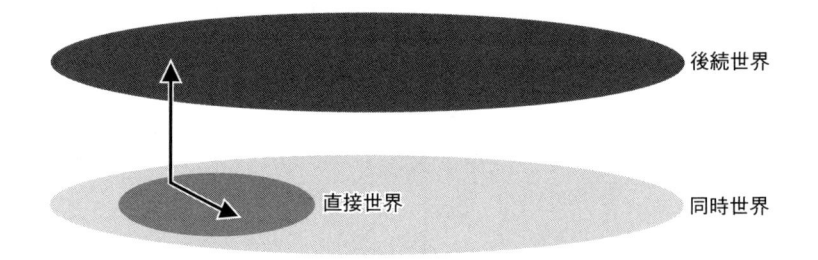

時間軸上で遠近感が働くと、上のような区別を示してみることができる。同時世界に対して、後続世界が分節化するし、（煩雑になるので、さらなる図は省略するが）同時世界に対して、先行世界の分節化も同様に考えることができるだろう。

こうした配置を、指し示しの算法で示してみると、どのようになるであろうか。例えば、次のようになるであろう。

区別と表象1

| 近い | 遠い |

そして、直接世界、非直接世界、同時世界、先行世界、後続世界というように、「遠近」という二値コードが、この区別そのものの外側（すなわち異なる水準）から確定される。それが、「視点」の構造、言い変えれば「パースペクティブ」

の構造である。これの値は、次のような区別として示される。

```
┌──────┬──────┐
│ 近い │ 遠い │
└──────┴──────┘
```

　パースペクティブは、遠近法であり、その原型は、上のような形式になろうが、これを外側から確定することこそ、秩序が、まさしく秩序化し秩序として捉えられるということでもあり、位置が確定され状況が把握されるということにもなる。それは、次のように描かれる。

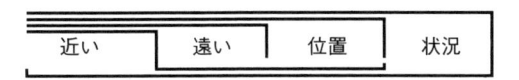

```
┌────┬──────┬──────┬──────┐
│ 近い │ 遠い │ 位置 │ 状況 │
└────┴──────┴──────┴──────┘
```

　位置と状況が変動しなければ、あるいは自由に浮動するのであれば、次のようになろう。

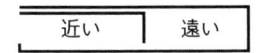

```
┌──────┬──────┐
│ 近い │ 遠い │
└──────┴──────┘
```

　しかしながら、この閉鎖も、原理的にも、また経験的にも、遠近の区別が連鎖している限り、原型は次のようであろう。

```
┌────┬────┬────┬────┐
│近い│遠い│近い│遠い│
└────┴────┴────┴────┘
```

ということであり、さらに、

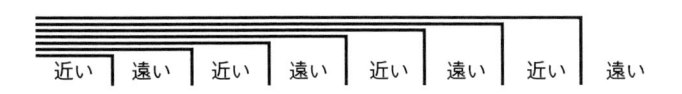

```
┌────┬────┬────┬────┬────┬────┬────┬────┐
│近い│遠い│近い│遠い│近い│遠い│近い│遠い│
└────┴────┴────┴────┴────┴────┴────┴────┘
```

ということであり、さらに次のように「…」で示すように、前にも後にも終わりなく連鎖していくことになろう[55]。

55： George Spencer-Brown (1969), pp.58-65.

```
┌─────────────────────────────────┐
│ … 近い │ 遠い │ 近い │ 遠い … │
└─────────────────────────────────┘

これは、遠・近の値を取る、終わりなき振動を示している。空間そのものの無限性と没時間性を示しているはずである[56]。

われわれは、こうした形式を記号の閉鎖として切り取る。

┌─────────────────────────────────────┐
│ 近い$_n$ │ 遠い$_n$ │ 近い$_{n+1}$ │ 遠い$_{n+1}$ │
└─────────────────────────────────────┘

ゆえに、個々の社会的世界のひとつを分節化し、かつそこでの独自の時間を計測することが可能となる。直接世界は、どのそれぞれにおいても独特の時間性があり、どの同時世界もそれぞれにおいてそうであり、そこに共約関係があるとしたら、ありうる同時性と疑似同時性によってのみ可能となる。

このことを前提にして、現象学者たちも含めて、多くの人たちが、時間を、一定の方向性ある直線で表現し、その線上の点に出来事の生起をプロットしようとしてきたのであろう。

## 4. 媒体と体系

視角の発生、視点の変動により生じる差異が、意味の根源だと言った。産出する差異が乱立状態だとしたら、すなわち現象学者の言い方では多定立的

---

[56]: Felix Lau, *Die Form der Paradoxie –Eine Einführung in die Mathematik und Philosophie der „Laws of Form" von G. Spencer Brown*, Heidelberg 2008, S.93.
[57]: 多定立性から単定立性への変換については、先に触れたが (26 頁)、フッサール『イデーン』第 1 巻の邦訳での表現を引けば、次のようになる。「多くの放射線を発しながら意識されたものを、一つの放射線において素朴に意識されたものへと、変転されること、換言すれば、前者において綜合的に構成されたものを〈単定立的な〉作用において、特有の意味で〈対象的なものにする〉ということ、これである」渡辺二郎訳『イデーン 純粋現象学と現象学的哲学のための諸構想 第 1 巻 純粋現象学への全般的序論』(みすず書房 1984 年) 220 頁。原著は、"das vielstrahlig Bewußte in ein schlicht in einem Strahl Bewußtes zu verwandeln, das im ersten synthetisch Konstituierte sich in einem ‚monothetischen' Akte im spezifischen Sinne ‚gegenständlich' zu machen" in: Edmund Husserl, *Ideen zu einer reinen Phänomenologie und phänomenologischen Philosophie*, Den Haag 1976, §119.
```

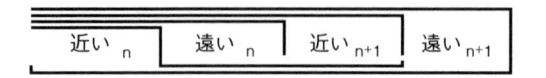

(polythetic) であるとしたら、サイバネティストの言い方ではエントロピー最大の状態である。支離滅裂、無意味ということになるのだろうか[57]。

これに対して、すっきりした一定の秩序があるとしたら、すなわち現象学者の言い方では単定立的 (monothetic) だとしたら、その連関はまさに意味連関ということであり、そうした秩序化のために働く一定の制約が、実はそこにはあるということになろう。海岸が完全な直線で、そこに一様に住処が並んでいくのではなくて、波と風、地面の硬軟、その他により海岸は微妙な曲線であり、海に流れ込む川の河口があるところや、あるいは岬の付け根に集落が形成されていくように、一定の制約が秩序化する前提である。しかし、これらのことは実は、きわめてありえないことが、そのようにありえているということでもある。

視点の取り方、すなわち遠近の感覚が状況に依存しているから、意味の連関が生成していく。その仕方は、一様均等に分布するというよりも、一定の歪みがあるはずであり、それが秩序ということである。

後述するとおり、社会は、身体の運動感覚、言語表現（における可能性と不可能性）、人への帰属性という制約によって、意味というものがただ一様にまた均等に産出し配列され続けるだけということはなく、歪みを伴い、それが区別されて、閉じたひとつの意味連関を構成していくことで可能なはずである。

… 近い	遠い	近い	遠い …

こうした指し示しの算法による表記では、意味がただ産出していくだけという形式である。実は、そうした連続そのものも終わりなく不明である。それゆえ、こうした形式は、無時間性であり悠久性を示しているということでもあり、社会的世界の分節化がない状態ということになろう。したがってこの階層より上の水準から、この形式を閉塞させる可能性がある。

無限、悠久の世界から、社会的世界が分節化するというのは、そうした異なる階層からの形式の閉鎖ということである。その結果、分節化した世界それぞれに時が産出し、時間軸が生まれる。終わりのない切れ目のない形式を、

分節して一体を構成する単位を設けることができるということである。

こういうことが可能となる根本前提は、視点が機能するように、映像を光が媒介し、音響を音が媒介するということにある。

ボルツマンの H を、情報とエントロピーの関係として読むなら、すなわち情報理論の前提に従うと[58]、区別の産出、意味の連続（つながり）という時間経過の秩序性（H_{system}）と、本来の無秩序性の値（H_{max}）を考えてみることができるであろう。

これらに対して、さしあたっては映像（H_{light}）、音響（H_{sound}）のどちらが複雑かという問いには答えることができない。しかしながら、一般的には（$H_{light} < H_{system} < H_{max}$）であり、（$H_{sound} < H_{system} < H_{max}$）であると考えられる[59]。すなわち、$H_{system} \leq H_{max}$ に対して、二つの媒体のエントロピーは、シャノンの意味での相対エントロピーであり、それぞれの冗長度（redundancy）を持っている。形式を定めるというフォーマット化は、本質の呈示というよりは、例示の枚挙であり、つねにヴァージョン・アップする可能性とともにあるということなのだろう。

形式が与えられる媒体とは、媒体が媒介して作り上げていく連関の可能性が、その媒体により媒介されている連関と、その外側で媒介されていないと考えられる要素をも捉える視点があることにより、媒体そのものも無限に変様していくと考えられる。媒体が媒介していると考えられる連関の観察は、その外側で媒介されていないと考えられる要素も含めて観察されているからである。それゆえに、「よりリアル」を値とする工学的関心があり続けるのである。

映像と音響の模写は、送信機、受信機、伝導媒体の進化により飛躍的に変化してきた。そしてこれらの変化が、光と音という媒体を備え持っている世界そのものも変化させてきた。

このことは、次章で扱うように、同様に媒体として考えることができる、身体性についても、言語性についても、人性についても、工学的な拡張があ

---

[58]：Shannon/Weaver (1949), p.52.（邦訳 88 頁以下）。
[59]：Dirk Baecker, *Wozu noch Systeme?* Berlin 2002, S.115 f.

ることを示している。工学的な視点は、常識的にはあり得ないことも、技術の進化とともに、ありえないことではなくしていく。通信工学者は、送り手と受け手とを同時に観察することができる視点から、その伝達プロセスを制御しようとしたが[60]、こうした視点は、シャノンのような天才から始まるのではなく、もっと大昔からあったはずである。

$H(y) ≧ Hx(y)$ ではあるが、$Hx(y)$ で代替できると考えるとき、すなわち内属していたはずの視点から、外側から観察する視点への移動ができるとき、まさに内と外の区別をする別の水準に視点があることになる。すなわち観察を観察する水準にあるということである。内と外との境界の設定は、複雑度の格差を想定できるということであり、このとき体系とその外側、あるいは体系と体系との区別をすることができるということである。

媒体「光」は視覚により、媒体「音」は聴覚により受容される。これら以外に化学物質の粘膜接触をつうじて媒体「におい」は嗅覚、媒体「味」は味覚により受容される[61]。

$Hsystem ≦ Hmax$ という根本的な歪み、制約があることが、社会を可能にしているのだが、これは人間の感覚器の配置が大きく寄与しているのだとも考えられる。

60：第 5 章第 4 節 (75 頁) 参照。
61：触覚については、媒体「身体」における知覚感覚ということで後述する。

5. 基礎媒体

1. 媒体「身体」

　身体は、知覚体験を時空に布置する座標系である。身体の動きにより、時間軸が形成され、空間が拓かれていく。生体には感覚器が鏤められている。身体は、この感覚器で受容された諸々の知覚を諸々の体験として結びつけていく媒体である。

　人体を、右図のようにイメージしてみると、四肢はじめ部位それぞれが全部あるいは一部可動し、それによって運動空間を拓かれていく。

　感覚器が鏤められた部位の可動状態を、そこに鏤められた感覚器が機能連関として知覚体験していく[62]。右手をぐるぐる振り回してみれば、その可動する空間を体感することができる。跳躍しながら、手を上げ下げしてみれば、身体の基本機能空間を体感することができる。これが行為空間の前提を例示するものとなろう。すなわち、この場合、感覚器は、身体外にある与

62： こういう発想は、シュッツによる「機能連関と身体の生感覚 (Das somatische Lebensgefühl und der Leib als funktionaler Zusammenhang)」という決定的な指摘に由来する。Alfred Schütz, „Lebensformen und Sinnstruktur", in: A. Schütz, *Alfred Schütz, Werkausgabe Band I, Sinn und Zeit – Frühe Wiener Studien*, Konstanz 2006, S.117 ff.　Alfred Schutz, "Life Form and Meaning Structures", in: *Alfred Schutz, Collected Papers VI. Literary Reality and Relationships* (Edited. Michael Barber), Springer 2012, p.89 ff.

件を捉えているのではなく、身体そのものの運動をそういうものとして知覚しているのである。

さらに、前頁図の場合をイメージするなら、身体の部位は、道具により延長可能となるし、さらには分離も可能となろう。石や槍を投げる場合、ボールを転がす、投げる場合、弓で矢を放つ、銃で弾丸を発射する、さらにはミサイルを発射する場合などにまで拡張して考えてみることができよう。これらの道具には、身体にあるような感覚器そのものはないが、それにもかかわらず身体の機能空間の延長を、身体がまだなお制御する潜在性を備え持っていると見ることができる。それゆえに、これらは、たんなる物体ではなく、道具ということになる。

さて、こうした一連の複雑な動きの順序をひとつに統御するとしたら、そのひとつながりに整理する時間軸は、どのように考えられるだろうか。人体の感覚器はそこに数限りなくあり、その感官体験は、本来、多定立的 (polythetic) なはずである。この多重で多様な体験群が、単定立的 (monothetic) と呼ばれる、ひとつの直線のように並べ整列させられるとしたら、それはどのようにしてそうなるのであろうか[63]。

先に触れたことだが、次のような図は、時の流れ、川の水の流れの比喩から生まれてきた[64]。

Eは、出来事 (event)、Mは、記憶 (memory) である。知覚された出来事が、進行的に連鎖していくというのが、原点0から、E_{k+1} へと伸びていく直線である。

そして、E_{k-1}、E_k、E_{k+1} などの出来点において下方

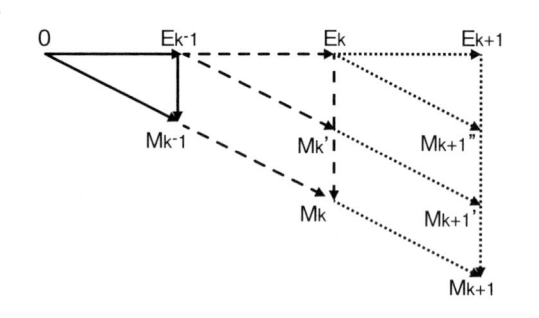

63：多定立的と単定立的については、前章第4節 (54頁) も参照。
64：第2章第2節 (19頁) で触れた。

向へ垂直に伸びている直線は、記憶とその沈澱を描こうとするものである。進行していくとともに E_{k+1} においては、その底に記憶層が形成されているという表現である。時とともに記憶は深く厚くなるということである[65]。

私たちは、そうした深いところにある古い記憶に立ち返ることがあろう。「過去に立ち返る」などとも言うが、図が表わすとおり、「過去」と言いながら、記憶に遡及することは、現在の行いでもある。ゆえに、過去に目を閉ざすものは、現在についても盲目だということになる[66]。記憶の問題は、つねに現在のそれだということである。

しかし、原点 O から E_{k+1} へと伸びる時間軸は、なぜ直線とイメージされるのだろうか。身体には感覚器は数限りなくあり、感官体験は原理的に多定立的になるはずだと述べた。そうした多重、多様な知覚体験が、今一度知覚体験され、かつそれらが一列に並ぶ、ありえなさをイメージするようになるのはどうしてだろうか。

決定的なことは、等間隔の連続体験を知覚体験することができることにあろう。等間隔の連続体験とは、例えば脈拍、鼓動、瞬き、足取りなど

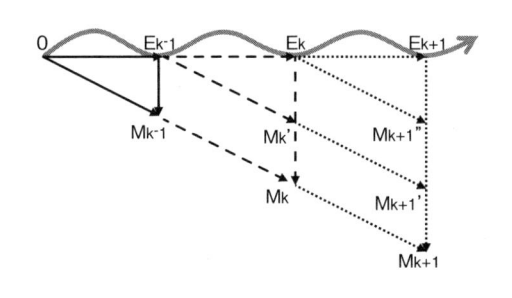

65: こうした三角形の図は、Schütz,(2006), S.84. をもとに、かなり異なってはいるが、Edmund Husserl, *Vorlesungen zur Phänomenologie des inneren Zeitbewußtseins*, Tübingen 1928, S.445. 〔立松弘孝訳『内的時間意識の現象学』(みすず書房 1967 年) 122 頁〕。あるいは、Henri Bergson, *Matière et mémoire –Essai sur la relations du corps à l'esprit*, Paris 1939, S.169.〔田島節郎訳『物質と記憶』(白水社 1999 年) 183 頁〕を傍証しながら作成したものである。なお、これら三者のものは、それぞれ独立して考えられたものとして学説史においては理解されている。

66: 1985 年 5 月 8 日のリヒャルト・フォン・ヴァイツゼッカー、ドイツ大統領の有名な、世界史に残る演説の一節。「過去に目を閉ざすものは、現在についても盲目である。非人間的なことを思い出そうとしない者は、誰であれ、新しい伝染病にかかりやすい」*Zum 40. Jahrestag der Beendigung des Krieges in Europa und der nationalsozialistischen Gewaltherrschaft*. Ansprache des Bundespräsidenten Richard von Weizsäcker am 8. Mai 1985 in der Gedenkstunde im Plenarsaal des Deutschen Bundestages.

として知っているものである。前頁図にある波線は、等間隔の連続体験を表現している。

　波形がすでに示しているとおりだが、これは、すでに見るように振動である。その機能は、無限性と没時間性である[67]。

　等間隔的体験は、心臓の鼓動や腕の脈拍のように「ドキ、ドキ、…」と断続的である。

　しかしこの等間隔に断続する体験の連続が、逆に持続という無限性と没時間性を体験させるのである。一時的な体験、偶発的なそれではなく、等間隔で打つ鼓動を知覚体験することで、私たちは生を確認しているということになる。

　生が、あたかも方向性のある直線であるようであり、その上のどこかの点に今を置くことができるということになる。今があることは、現在と過去との区別を生む。今と、すでに過ぎ去った体験とを、軸上に区別して置くことができる。等間隔的体験という連続性により直線の進行を想像することができ、現在と過去との関係を、現在から未来への関係へとさらに延長して展開することができる。

　槍を投げる際に、腕の振りと伸びの延長に槍が飛んでいくのと同様に、断続した体験を結ぶ連続線、さらにその延長上に、時間軸という方向性のある作動を想像することが可能となる。これも一種の道具的延長だということができる。

　そして、断続することによる連続という関係は、今、現在ということについても、生じ消える瞬間の今とともに、生じ消える断続が連続するということで、長く持続する今があることを想像させもする。現在の二重性について、すなわち瞬時の今、現在と、長く持続する現在という区別が可能となる[68]。

　そして今、現在は、過去とともに、また未来とともにある。現在であり続

---

[67]：第7章第2節(131-2頁)参照。
[68]：これについては、第2章第3節(24頁)で触れた。ミードのみならず、Niklas Luhmann, „Temporalstrukturen des Handlungssystems –Zum Zusammenhang von Handlungs- und Systemtheorie", in: N. Luhmann, *Soziologische Aufklärung 3 -Soziales System, Gesellschaft, Organisation*, Opladen1981, S.142. の論及も重要である。

けるか、過ぎ去る現在かということで、現在が二重になっているということも確認ができる。こうした区別を可能にしているその帰属点は、内的な時間性、さらに言うならこれを主観性ということができるはずである。

2. 媒体「言語」

　言語は、音表の連鎖であり、それは語と文とから成る。古典的には「語は、口にされる何かを示す一区切りの音声シンボル。文は、受け手に向けて送り手が何か意思を表明する一区切りの音声シンボル」[69]だということになる。

　しかしこの本質は、音響の媒体「音」と映像のそれ「光」に直接関係していることにある。身体が、同一個体の感覚器による知覚という出来事の連関を可能にする媒体であるのに対して、言語は、「音」と「光」に関係して、ある個体がやはり感覚器体験した出来事を、別の個体の感覚器体験へと伝達をする媒体だということができる。漢字文化圏では、語は音声シンボルにとどまらず、もともと光に関わる象形シンボルでもある。

　言語により、個体間の感覚器体験の伝達が、空間的にも、また時間的にも可能となる。この点で、言語は、身体の道具的延長の一種としても考えることができる。

　発語および発話は、本来はその声が届く範囲にいる個体の聴覚で音響として受容される。すなわち、本来的には直接世界と、非直接世界であるが同時性が可能という世界で受容される。文字は、音響、映像という、発生とともにただちに消失する出来事を印により記録する道具であり、また多種多様な同一事象を、象形により抽象一般化し記録するその単位である。原初的には手がこれらを行う。発語、発話は、記号、文字、図像により送達可能な時空にいる個体の視覚で受容される。

　しかしながら、今や、録音と再生技術の進歩により、文字化すなわち視覚化されることなく、音声のまま、疑似同時的世界へも拡張可能となった。

---

[69]: Charles Kay Ogden/Ivor Armstrong Richards, *The Meaning of Meaning*, A Harvest/HBJ Book 1982(1923), p.230.

媒体「言語」のそもそもの重要な機能は、記号、文字、図像をつうじて、同時に現在していない発信者の音声シンボルの意味を想像して発信者の意思を捉える可能性を開くことである。直接世界のみならず、疎隔のある非直接世界にも、また先行世界、後続世界への伝達をも可能にする。それらにおいては、同時性とは異なり、疑似同時性下にあるコミュニケーションが成り立っている。

聴覚で捉えられるシンボルも、視覚で捉えられるシンボルも、さらにその他の感覚器で捉えられるシンボルも、紙と筆記具、銅線と電気信号など通信媒体の技術とともに進化 (co-evolution) してきたし、同時性と疑似同時性の関係は、これらの技術とともにさらに変化していく。

Face-to-face の関係に対して、書簡のそれは疑似同時的な水準にある。電報は、時間の短縮化を技術が革新したものであったが、やはり疑似同時的のままであった。電話は、同時的であるが、文字通り face-to-face という意味での同時性のそれとは異なっていた．自動車電話から電話の携帯化、スマートフォン、ウェアラブルデバイスから、さらにこれから現れるツールは、同時性と疑似同時性との古典的な関係を非蓋然的な水準で変化させていこう。

そうではあるが、ここで大事なことは、「言うことは行うこと」[70]である。すなわち、「言うこと」というのは、ただ「何かを告げている」ということではなく、それにより、ある行いをしているという点である。言い換えれば、言明が発せられているということだけではなく、それとともに、ある行いが

70：オースチンの発話行為論を踏まえている。これ自体については、ここではなぞりの説明はしない。John L. Austin, *How to Do Things with Words*, Harvard University Press/Cambridge, Massachusetts 1962.〔坂本百大訳『言語と行為』（大修館書店　1978 年）〕。何度か私も触れたことがある〔森　元孝『モダンを問う―社会学の批判的系譜と手法』（弘文堂　1995 年）192-197 頁〕。Jürgen Habermas, „Vorlesungen zu einer sprachtheoretischen Grundlegung der Soziologie", in: J. Habermas, *Vorstudien und Ergänzungen zur Theorie des kommunikativen Handelns*, Frankfurt am Main 1984.〔森　元孝・千川剛史訳『意識論から言語論へ―社会学の言語論的基礎に関する講義 (1970/1971)』マルジュ社　1990 年〕。さらに、J. Habermas, „Vorbereitende Bemerkungen zu einer *Theorie der kommunikativen Kompetenz*", in: J. Habermas / Niklas Luhmann, *Theorie der Gesellschaft oder Sozialtechnologie –Was leistet die Systemforschung?*, Frankfurt am Main 1971.〔佐藤嘉一・山口節郎・藤沢賢一郎訳『批判理論と社会システム理論』（木鐸社　1984 年）所収〕。

なされているということである。

　音声、文字、図像、映像は、知覚体験される出来事であり、発信者と受信者の身体と結びついている。発語および発話が人間に及ぼす心理的な効果が空間を構成する（発語媒介効果）。極端な場合を考えればよい。例えば怒声は、それ自体で、ある状況を構成する。

　そして発語および発話においても意味が結びついているなら、それはそれらにとどまらない水準の行為に移行する（発語内行為）。例えば、「お昼、もう食べた？」と問われたら、ただたんに昼食を取ったかどうかの事実確認にとどまらないこともあろう。すなわち、「一緒に食べに行こう」という誘いのこともある。この場合、発話は、言明の事実確認ということよりも、「誘う」という行為であることがわかる。

　こうした発話行為は、音声を聴覚で受容し体験するだけで成っているのではない。「厳重注意」と大きな紙に朱書されれば、それは発語媒介効果が発生する。そして現在、電子メール、Twitter を発信するためにキーや画面を触れる指は、口からの発語以上に機能する[71]。

3. 媒体「人」

　すでに、身体において知覚主体、言語において発語主体として、知覚する主体および発語する主体という、帰属先が暗示されている。この帰属先に人が現れる。ただし、ここでの人が、人間 (human being) であるかどうかは重要ではない。法人という団体、組織も含まれるし、さらには国家体制、婚姻、教育、雇用などの制度も含める必要があろうし、人が作り出した道具や機械も含めることができる。さらに近い将来にはロボット、サイボーグ、アンドロイドなども含めることにもなるだろうし、動物や植物であっても擬人としてありえないわけではない。

---

[71]：ハーバマスは、発話行為論から普遍語用論（形式語用論）を展開するが、それについては後述する〔第9章第2節(158 頁以下) 参照〕。

そうした総称としての人は、行為の帰属点を連接していく媒体である。その点では、どうしても人間 (human being) でなければならないというわけではない。実際には人間ではなくとも、それであるかのように扱うことができればよいということである。

　世界は、諸々の出来事に分解される。事の出来をどこに帰属させるかにより、出来事を分節化することができる。すなわち、生起する出来事は、世界内の身体運動か、世界そのもののどちらかに帰属するということである[72]。

| 行為 | 体験 | 身体運動 | 世界 |

　身体運動はもちろんすでに世界内の出来事であるが、媒体「身体」と媒体「言語」が、この諸々の出来事を「(身体) 動作」およびその延長と拡張、「発話」およびその延長と拡張として、「人の世界」を分節化する。身体と言語により分節化された「人の世界」を、社会と呼ぶ。

　ある朝、小鳥のさえずりで目が覚めた。小鳥の囀る声は、聴覚により知覚される。これは体験である。この出来事の帰属点は小鳥である。目覚めという出来事は、囀り、小鳥、日の出などに帰属する。これは、とりあえず体験である。その後まどろみの中で「朝だ！」と気がつく思いは、目覚めに帰属する。

　別の朝、散歩する人が連れる犬の吠え声で目が覚めた。吠え声は、聴覚器官により知覚される。これも体験である。同様に、「朝だ！」という思いは、この目覚めに帰属する。この出来事の帰属点は犬である。とりあえずは鳥と同じようである。しかしながら、犬を連れているというのは、鳥が飛んでくるのとは違う。犬の吠え声の帰属点は、犬にも、朝にも、さらに犬を連れている飼い主にもなる。

　また別の朝、駐留軍の軍用ヘリコプターの爆音で目が覚めた。爆音は、聴覚器により知覚され、これも体験である。この事の出来の生起は、軍用ヘリ

---

[72]：Niklas Luhmann, „Erleben und Handeln", in: N. Luhmann, *Soziologische Aufklärung 3 –Soziales System, Gesellschaft, Organisation,* Opladen 1981, S.67-80.

コプターにある。しかしながら、なぜヘリコプターが民家上空を飛ぶか。外国軍隊が駐留しているからである。それは安全保障条約があるからであり、他国からの侵略を防ぐためであるのかもしれないし、さらにはかつて戦争に敗れたからだということにもなる。

ヘリコプターは、機械であり、それを人が操縦する。機械は、身体の道具的延長である。ヘリコプターを配置したのは軍隊である。軍隊も、武器使用を含む軍事行動や組織行動という身体の道具的延長である。騒音防止のために飛行時間制約をするには、駐留軍と交渉をすることになる。このとき軍は、組織として人のように演じることになる。

最初の例は、野生の小鳥の囀りであり、自然の営みに、目覚めは帰属する。次の例は、犬を連れているという人の行いに帰属する可能性がある。そして最後の例は、人であるヘリコプターの操縦士、人の道具であるヘリコプター、さらに軍隊という組織に帰属する可能性がある。

最初の例で、「さぁ、起きよう！」と思うのは、目覚めの後、「朝だ！」と思ったことに連接し、この水準になると行為連鎖ということになろう。目覚めたという水準まででは体験だということになろう。しかしながら、こうした区別の線引きは微妙である。

なぜなら、「人の世界」として、その人を決めるのは、また人あるいは（擬人化が可能な）その派生体（法人、組織、制度、道具など）だからである。すなわち、状況において帰属点を選択するのは人だからである。人と帰属は、それぞれ次のような形式をしている。

| 人 | 帰属 | 状況 |
| 状況 | 人 | 位置 |

帰属は、状況に依存している。次章以降の論点を持ち出せば、諸々の媒体をつうじて状況が形成される。その決定は人（動作主体・発話主体）が行う[73]。

---

[73]：「第6章 体系分化」において、体系分化と諸々の媒体を扱う。

その際、その人は、状況依存的に帰属点として現れ出る。明瞭なことは、発語および発話を含む身体運動に、帰属先の弁別が依存しているということである。

| 帰属 | 状況 | 身体運動 | 世界 |

したがって、人は、人間ではなく、人につながっていく。帰属点は、「生身の私」であることもあり、「役職にある私」であることもあり、法人の「機関決定」であり、そこの「代表者である私」であることもある。この私は、「代表者として決定した役員」であり、「役務を果たした男」であり、「よき家庭の父」であった。これらを、「人」が媒介しているのである。個の主張が可能であるのは、あるいは「自我」なるものがあると言えるのは、この入れ物となる「人」という媒体が取り結んでいるからである。

それゆえに、人でなしも人だとされるのである。そして人造人間が発明されたとしたら、人が、それを「人」であるかそうでないかを決めることになる。ある人が、四肢、器官の一部あるいは全部を、人工のそれらに取り換えたとしても、人であり続ける。民族浄化は、人を人として見なさないところに起因している。これもまさしく人が行う所業である。「日本人」「○○人」というのも、例えば国籍を法により決めるというのも、まさに人の為すところの事柄である。

こうしたパラドクスとトートロジーが可能となるのは、人を媒介項にして、身体と言語が不可分に関係しているからである。身体動作と発話を基礎にした行為連関の整序を、媒体「人」が可能にしている。

日々、人は、人として馴致され（時に慣れ親しんだ、時に辛く苦しい）世界の中にはめ込まれて生きている。言い換えると、身体的にも言語的に、その人に割り当てられた知のストックとともに、その世界にはめ込まれ生きている。そうした関係を、その人が、そのまま述定することは簡単なことではない。仮にそれを「専門に学問を勉強した社会学者だから」、そう語ることができると言う社会学者がいたとしたら、それはいつもながらのきわめて軽薄な社

会学的自己了解にすぎない例となろう[74]。

　というのも、言葉で表現できる水準と、身体により体感される水準とが渾然一体となっている関係を切り離して、前者だけで後者の水準が構成している世界連関を表現することは難しい技を要する。専門に社会学をすることだけが、これを可能にするものではまったくない。

　言葉で表現できる水準と、身体により体感される水準とが渾然一体となっている関係は、ひとつの体系となっている。これはレリバンスの体系として知られているものである[75]。

　ある時、ある個別の注意が生に向く (attention à la vie)。はめ込まれて生きていることに気づく。突然の思いつきにより、新しい位相 (Topos) を主題として拓いていこうとする場合があろう。新しい何かを認める（見止める）ということである。

　主題化（＝主題的レリバンス）が、こうした新しい主題領域を開き、かつそれに伴う地平が開示する。主題化は、高い度合いの意識の緊張を伴い、注意が向いており、新しい種類の経験をもたらす。生の連なりに、新たな問題の本質を究める始まりとなり、それまでの意味の領域から飛躍 (leap) することである。その変化にしばしばショックを伴うことにもなる[76]。認識構造の変換であり、これがそもそもの情報の獲得ということである。

　主題の開示と、それとともに現れることになる地平、ならびにその地平出現という賦課は、「A＝A」というトートロジーと「A≠A」というパラドクスとなってある。主題化は、われわれにその主題についての信頼性と、それに広がる外延から彼方に広がる地平への関係をつねに示していく。すなわち、「何か」を主題化するということは、そう知っていることと、まだなお知られていない信頼性を欠いたことについても同時につねに暗示するという

74：第 7 章第 1 節 (125 頁) 参照。
75：Alfred Schütz, „Das Problem der Relevanz", in: A. Schütz in: *Alfred Schütz, Werkausgabe Band VI. 2, Relevanz und Handeln –Zur Phänomenologie des Alltagswissens,* Konstanz 2004, S.57-249. Alfred Schutz, "Reflections on the Problem of Relevance", in: *Alfred Schutz Collected Papers V. Phenomenology and the Social Sciences* (Edited. Lester Embree), Springer 2011.〔那須寿・浜日出夫他訳『社会的世界の構成―レリヴァンスの現象学』（マルジュ社　1996 年）〕。
76：Schütz (2004b), S.73, S.143; Schutz (2011), p.96, p.152. (邦訳 35 頁、156 頁)。

ことであり、これにより信頼性と非信頼性とが対になったまとまりが成っている。主題化は、その内容を命題として述定することはできるが、前言語的水準にあると考えられる77。

主題化（＝主題的レリバンス）は、次の水準、解釈（＝解釈的レリバンス）、さらに解釈から動機解明(＝動機的レリバンス)へと移行していく関係になっている。

主題化によって主題とともに賦課（＝賦課レリバンス）される外延とさらに地平、主題化したそのものの本質（＝本質レリバンス）を問うことは、新たにそしてさらに続いていく注意の向くところであり、これらは媒体「身体」の水準に依存している。すなわち視覚、聴覚に代表される体感が基礎にある。

そうした生への注視で照らし出される現在は、まさしく主題の浮上ということである。繰り返すと、主題化をつうじて、われわれに主題化されていないことも課される。主題はシンボル的な特徴を持っており、指示と指示対象との関係として、それを解釈することになる。

解釈は、先ずは前述語的水準にある。ただし、これは、主題を反省的に注視しその連関を確認するという、「私が注視する主題」→「主題に注意する私」という解釈学的循環になっている。すなわち、主題化が、媒体「身体」、すなわち身体運動を前提するのに対して、解釈は、媒体「言語」が作動しているということでもある。理解そのものの媒体として、言語がある。

動機解明は、言語が主要に関与する。社会的行為の意味理解であり、これは言語的な水準にある。動機の解明から行為の意味解釈が始まる。行為プロセスは、身体を前提（あるいは延長）にしているが、それの解明に言語が介在し、それを再構成し解釈することをつうじてひとつのまとまりとなっている。その結果として、ある特定の「人」あるいはその延長、拡張，派生した事柄が、帰属主体として出来する。

主題化は、前述定的特徴を持っているが、動機解明は、つねにすでに言語的に再構成される。解釈において問題となるのは、解釈学的な循環関係の確

77：命題態度 (propositional attitude) というものが、等しくつねに言語的に規定可能な諸表現と結びついているかどうかは疑わしい。「Ｓは、ｐである」という命題は、いつも時間的で、そして空間的な諸状況にも依存しているものだからである。

認である。主題化は、本来、その都度の意図に従属している。

　この水準での志向的諸体験は、多定立的である。というのも、こうした諸体験の複雑性は、そこではつねに前述語的にしか調整されない性質のものであるからである。しかしながら、「行為」連関のプロセスは、ある投企された視点から単定立的に秩序づけられるもののはずであり、この点で述定的となっており、言語により述定可能となる。

　それゆえに、動機解明は、「行為」が進行していったプロセスを前提にしている。このプロセスは、出発点からということで単定立的に総合されている。「行為」のプロセスは、諸々の投企の間にある諸々の選択と結びついている。そこにおいて、ひとつの決定がなされなければならない。この決断が「行為」根拠であるが、この選択とその根拠は、言語により「〜だから」という「理由動機」あるいは「〜のために」という「目的動機」として述定することができる[78]。

　シュッツの議論を踏まえたレリバンスが循環する体系論であるが、この体系は、シュッツは明確にはしていないが、身体と言語の分節化される二つの水準を、動作主体、発話主体という行為主体として析出するものが媒介することで体系となっている。それらは、前述定的なところから、言語により述定される意味形成という水準にまで広がっている。理由動機ならびに目的動機についての言明は、言葉で表現される説明水準にある。言うに言われぬ動機は、まだ解明がなされていないということであり、はっきりした目的がわからないものも、まだ主題化と解明が不足しているゆえにそうなるのである。

　しかしながら、自明のことではあるが、これらが必要とするのは、述定を可能にする前述定的に沈殿堆積していっているハビトゥスとでも言うべき、人が世界で生活している知ということである。前言語的な堆積物なしには、言語的に表現することも難しいということである。

　ただし、解釈過程には、文書解読、図像解読のような例を思い浮かべればわかるように、筆記の水準がすでにあり、これによるシンボル意味関係がかかわっている。諸々の言明について言葉で性質を明確にするとは、伝達とい

---

[78]：Schütz(2004a), §17, §18. （邦訳第 17 節、第 18 節）。

う意味で発話行為に通じていく[79]。

　最後に媒体の身体性と言語性とは、行為を連鎖させていく媒体として次のようなイメージで考案できるだろう。すなわち、行為連鎖の時間性は、身体性と言語性の二重であり、それを図のように主題化→解釈→動機解明という仕方で進行していくことで成っていると考えられる。とりわけ動機解明という水準は、行為とその帰属点にある人との関係を言語で説明するということである。

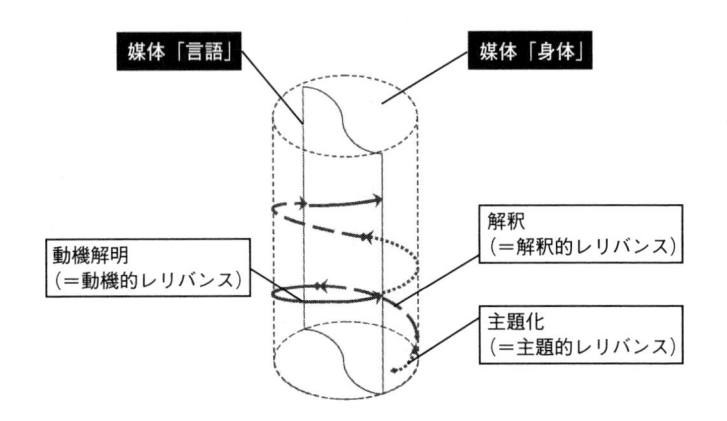

```
媒体「言語」        媒体「身体」

              解釈
              (＝解釈的レリバンス)
動機解明
(＝動機的レリバンス)
              主題化
              (＝主題的レリバンス)
```

　指し示しの算法を用いると、次のように示していくことになろう。注意とともに区別が起こる（主題化）。

```
 ̄ ̄主題にする ̄ ̄　主題にしない
```

この主題化も、当然、次のように圧縮と誇張が可能であろう。

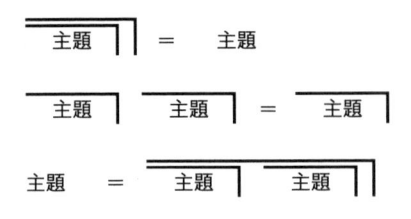

```
 ̄主題 ̄｜＝　主題

 ̄主題 ̄　 ̄主題 ̄　＝　 ̄主題 ̄

主題　＝　 ̄主題 ̄　 ̄主題 ̄
```

さらに誇張すると、

79：後述するが、この連関で普遍語用論の試みから討議倫理という実践的前提を考えてみることはできるが、その言語性が超越論的かどうかについて、私はそうではないと考えている。

5. 基礎媒体　73

```
主題  =  ￣主題￣｜￣主題￣｜￣主題￣｜
```

（誇張2）ということになるし、さらに次も同様である（誇張3）。

```
主題  =  ￣￣主題￣￣｜￣主題￣｜￣主題￣｜￣主題￣｜
```

しかしながら、主題化そのものは、閉じて明確化される必要であり、そうしないと通じない。ゆえに次のようになる（主題的レリバンス）。

```
｜主題にする｜主題にしない｜
```

この閉じた状態がなって、次の水準（解釈）に移行することができる。それは、主題化をする際に注意した、その立ち位置を、その時とは違う位置（時空）から区別することであり、それにより主題化された内容を解明するプロセスへと移行することになる（解釈的レリバンス）。

```
｜位置｜地平｜
```

したがって解釈とは、そもそも次のような形をしていることになる。

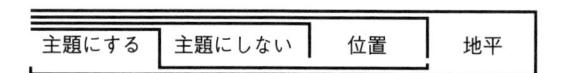

```
｜主題にする｜主題にしない｜位置｜地平｜
```

解釈過程とは、主題化の形式が示す関係を、別の水準で主題化するということである。その際、解明から説明をする過程で、言語性の水準を伴う。

さて、位置と地平との関係は、位置に出現する人に、言い方を換えればその状況に帰属する人がいるはずであり、その人の視線には地平が広がっている。

だから、主題化とその解釈、そしてその出来事の帰属を人およびその人の行為に遡及することになると、どのように行為が帰属するのかという過程説明の水準、すなわち動機説明という水準へと移行する（動機的レリバンス）。

そしてさらにそこから、再び注意が向き、新たな主題化がなされる。この循環プロセスにより、人の析出と、この人への行為の帰属との関係が繰り返されていく[80]。

4.「よりリアル」という値 ―通信技術

聴覚に対する音、視覚に対する光は、これらを伝達する技術の革新と普及ともに[81]、身体、言語、人という三媒体と、それぞれ深く関係し合いながら媒介機能を果たしていく。

それぞれの感覚器の原初的知覚、例えばface-to-face（直接世界）で相手の声を聴くことや、相手の姿を目にする場合があろう。そして非直接世界において、直接世界におけるのとは異なり、離れた距離で相手の声を聴くことや、相手の姿を目にする場合のみならず、さらに空気以外の伝達素材を介して、すなわち技術的に、例えば電気信号により加工された音および光と、それらの送信器、受信器を介して二次的に見聞き知覚することも、今では普通のことである（電話、ラジオ、テレビ、パソコン、携帯電話、スマートフォンなど）。

これは、音および光で生み出される実像を、機器で受容後、信号に変換して伝達素材を介して伝送し、再び機器で変換し、鼓膜および網膜に写像として伝達させるプロセスである。

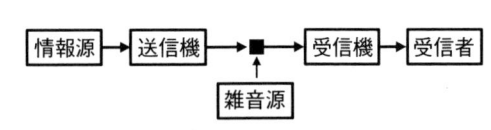

情報源 → 送信機 → ■ → 受信機 → 受信者
　　　　　　　　　↑
　　　　　　　　雑音源

シャノンに始まる通信工学の論理を示す略図[82]の前提にあるとおり、工学者は、リアルに模写するという、伝達プロセスの観察者として振舞い続けてきた。

重要なことは、こうした場合の観察者は、送信から受信へのプロセスを同

80：シュッツは、「主題的レリバンス⇄解釈的レリバンス⇄動機的レリバンス⇄主題的レリバンス⇄　・・・」という双方向の循環を図示している〔Schütz(2004b), S.127; Schutz (2011), p.133.（邦訳113頁）〕。ただし私の前の図（72頁）のように、身体性と言語性の合わさった時間軸をらせん状に進んでいくことを考えると、双方向の矢印について私は疑問がある。
81：嗅覚・味覚に対する化学物質による調合、さらに触覚に対する運動感覚の拡張も当然含まれるであろう。
82：Shannon/Weaver (1949), p.34.（邦訳64頁）。

時的で可逆的な関係として見ることができることを前提に、発生してくる雑音源からのノイズの除去に奮闘し、送信内容と受信内容の完全な一致に努めようとする。これが通信工学者の頑なな視点である。

$$\boxed{送信者\ X} \longrightarrow \boxed{受信者\ Y}$$

こうした伝送について、人である送信者 X のエントロピーを $H(x)$、同じく人である受信者 Y のそれを $H(y)$ とすると、$H(x) + H(y) = H(x,y)$ と考えることができるだろう。X の不確かさと Y の不確かさの関係であるが、通信工学者である観察者は、これを X のそれと Y のそれの合計として捉えているのである。通信工学者は、X と Y とを同時確率事象として考えることができる前提でいることができるからであろう[83]。

しかしながら、X の Y についての不確かさ、Y の X についての不確かさは、それぞれ独立であり、通信工学者ではない、普通の人の通常のコミュニケーションでは、とりわけ送信者と受信者が、まさしく人で、言語を介し face-to-face の関係である場合には、Y の不確かさは、X が知っている Y の不確かさとは等しくはなく、$H(y) ≧ Hx(y)$ と考えねばならないであろう[84]。

「主観性」というこの厄介な関係を捨象することができるのは、通信プロセスをその工学的観察者として観察することができるからである。こうした通信工学者という観察者は、同時に送信者と受信者を観察することができると自負できる人であることが前提である。そういう点では、通信工学者は、社会的には厄介なことも少なくない。筆者などの場合、人と人との意思疎通は、ノイズがあることで成り立っているとも考えることができるからであるが、この人たちは、ノイズがない状態を正常と考えようとするはずである。

通常、人の場合には、そうした通信工学者が思うような同時性が達成されるのは限られた場合のはずである。X は、自分 X と相手 Y とを観察者の視点で観察する、同時に Y は、自分 Y と相手 X とを同じように観察するが、それぞれ

---

[83]: Gotthard Günther, "Information, Communication and Many-Valued Logic", in: G. *Günther, Beiträge zur Grundlegung einer operationsfähigen Dialektik* (Zweiter Band), Felix Meiner Verlag/Hamburg 1979, S.134 f.
[84]: Shannon/Weaver (1949), p.52.（邦訳 95 頁）。

が一致しているかどうかは、その確認の試みとともに食い違い、ずれを生むことになるはずである。Xが捉えるY、Yが捉えるXとの対応を、Xで捉えた場合と、Yで捉えた場合とを、さらに対応させ、それらを、またそれぞれで捉えていくことになろう。

しかしながら、工学者は、送信者と受信者とを同時に観察し、情報源からの送信データと、受信データの照合を行い、模写の精密化を徹底していく。人の直接世界的なコミュニケーション過程と決定的に異なる点は、送信されるデータが、そのまま原像にどれだけ同じであるかということが重要となるところである[85]。すなわち、「リアル」ということが、通信工学者の最大の関心となり評価基準となるのである。

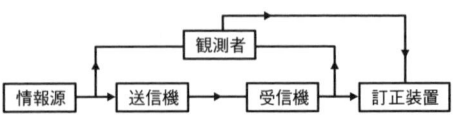

20世紀の通信技術の進化は、この「リアル」の進展を前提にしてきた。言語にあった音声シンボル、象形シンボルは、原像を代表してはいるが、原像の模写ではなかったことを思い出す必要があろう。

電話は、直接世界の空間を電子工学によって拡張していく技術である。ラジオ、テレビは、演説、講演、演奏など、広場や講堂での行為空間を、電子工学により拡張していくものである。前者は、1対1人の関係の拡張と、後者は、1対n人の関係の拡張ということになろう。

こうした20世紀に発達する古典的な大量伝達技術は、現在では、1であったマス・コミュニケーションの報道源自体の複数性が徹底し、1→nという大衆伝達の関係ではなくなっている。複数（m人）の発信者が、不特定のn人の受信者に伝達している。このm×n人の間にある競争は「よりリアル」という値のもとでなされる (peer to peer の関係)。

そして、さらに20世紀末には、次に掲げたような空間が拓かれていくこ

85：Shannon/Weaver (1949), p.68.（邦訳120頁）。

とになった。そこで伝達される情報は、実像がどうかは問わず、写像が「よりリアル」ということ、このことのみによって産出され続けねばならない。すなわち、直接世界における場合と同じ伝達空間が、身体に装着可能であり、さらには埋込も可能な発信装置と受信装置を介して、「よりリアル」な体験世界が創り出されるということである。

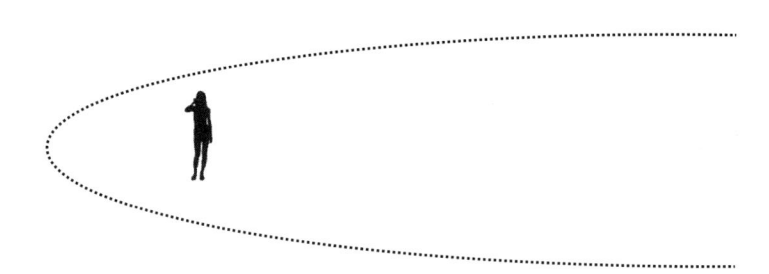

　固定電話が、まさに利用者の身体位置を、電話ボックス、玄関先、お茶の間など、固定していたのに対して、携帯電話は、直接世界と同時世界の境界を徹底的に不鮮明にし、空間の内容を徹底的に抽象化していった。そしてスマートフォンを介した、例えばLINEは、電話の前提であった発信者と受信者の1対1の関係を超え出ていくことになった。
　通信技術の進化とともに、身体、言語、人も進化していくということである。この進化を忌避する自由はあるが、そうやってこれから果たして生きていくことができるかどうかは難しいと私は考えている。

5. 媒体の媒体　―芸術

　意味は、ある事の出来が次の事の出来へと身体を介して接続していく時間推移とともに生起する[86]。言い換えれば、そもそも時間性を帯びていない意

86：言語性よりも身体性を原的と考えたい。「意味が生成、存在するのは、ある人間有機体の身振りと、それに続く、この有機体が身振りにより他の人間有機体に示す振る舞いとの関係域内にある」〔George Hebert Mead, *Mind, Self & Society –From the Standpoint of a Social Behaviorist*, The University of Chicago 1934, p.75 f.〕。

味はないということである。生とは、知覚差異の時間推移ということだからである。

述べてきた媒体「身体」、媒体「言語」、そして媒体「人」が、人間の具体的な生を抽象化しつつ、それを再び具象化したものとして捉えさせていく。

人間を描くというのは、ゆえにこれら三種の媒体の関係、とりわけ行為の帰属点となる人を軸に、身体と言語からなった諸媒体の連関を描くということである。その人の生を問うということであろうし、生の意味を問うということでもある。

もちろんそれは、いつも、ある視点からの生の描写とともに始まる。そしてある瞬間からのそれであり、またある断片からであり、それらからの生の同一性と差異性の確認から始まっていく。「私は、こうだった」「あなたはそういう人だ」「彼はきっとそうなるだろう」という具合に、圧縮と誇張で表現される生の断片である。そしてそれが事実かどうかよりも、リアルであることで意味が保たれる。

そうした個別性、もっと言えば局限性にもかかわらず、そこから生の全体性表現を問う可能性があり、さらにそれを芸術としてその問いを精緻化していく可能性がある。

全体性そのものを具象化し丸出しにすることはできない。それよりはある個別の特殊性に徹底的にこだわることにより、そこから全体性を想像させ普遍性を受け手に描出することが芸術ということになるはずである。

そうした逆説的な関係のゆえに、送り手の芸術が、受け手にそのまま伝達されるかどうかはつねに不明である。このことは、通信技術の場合とは根本的に異なっている。伝達の結果は、美か醜か、好きか嫌いかという個別判断となる。ゆえに芸術家は、技術者ではありえない。

そうした二値判断される作品は、初期マルクス的な概念の労働と同根である[87]。すなわち人間が自然に、いかに働きかけ、それを変容させて、自らを、あるいは自然を表現することで作品はできあがる。その作品を産出すること

87：第9章において、この「労働」の概念について展開をしている。

で自らはその同一性と差異性を確認するのであり、労働の産物と類比することができる。丹精を込めて作り上がった品は、商品であるよりも、芸術品である可能性の方が高い。

二値判断を迫ることになる、身体性と言語性との境は、発話そのものが身体運動であるのみならず、発話とともに生じる、状況構成する力（発語内的力）、相手に与える心理的影響力（発語媒介的効果）が発語される言葉の連なりでもって発生するということを考えれば、入り組んでいて、明瞭に区切ることは難しい[88]。

これらの基底にある、媒体「音」と媒体「光」は、それぞれ一定に屈折、反射して、それぞれを受容できる感覚器で捉えられる性質がある。それらは、人体そのものの場合のみならず、その道具的、あるいは動物的延長によっても捉えられる。耳および補聴器、集音マイク、音波探知機、目および虫眼鏡、光学顕微鏡、電子顕微鏡、あるいは双眼鏡、望遠鏡、電波望遠鏡、ハッブル望遠鏡というような関係である。

	音	光
身体	①	②
言語	④	③

さて、そうした人体とその道具的延長を踏まえ、音と光、身体性と言語性とのマトリクスを考えて、芸術を分類してみることができるかもしれない。

文芸（言語芸術）は、散文から韻文にわたり文字を視覚で知覚する場合のみならず朗読や吟唱にもわたり、音楽（音響芸術）に重なる部分もある。右表の③から④、そして①に広がっている。

美術（造形芸術）は、絵画、写真の場合のように②における模写および描写から、塑像、彫刻の場合のように、自然物に直接に道具によって加工して造形および描写する作品をへて、舞踊の場合のように、身体そのものが道具となる作品を考えてみることができる。②から隣接する象限に広がっている。

舞台（芸術）および映像（芸術）は、いずれの象限にもかかわることになる。そういうこともあり、しばしば「綜合芸術」という言葉も用いられたのであ

88：身体性と言語性との共生関係は、媒体「人」が可能にしていることを、レリバンス論の解釈としても論じたとおりである〔本章第3節 (69頁以下) 参照〕。

ろう89。

　諸媒体を複合し、ひとつの媒体化していく技芸により、芸術は可能となっているはずである。そうした芸術、技芸の行いの帰属点は、やはり人である。それはひとりの芸術家であることもあるし、工房、工場による集団組織でもありうる。さらにそうした技芸は伝承されていく可能性をつねに備えている。

　芸術の芸術性は、部分により全体を表象（間接呈示）しようということにある。ゆえに、そこにある差異性と同一性により、美と醜、好と嫌の二値コードで秩序が生成する。

　美と醜（好と嫌）は、原初的には、次のように表されるはずである。

| 美（好） | 醜（嫌） |

したがって、次のように閉じて美醜（好悪）が固定されることもある。

| 美（好） | 醜（嫌） |

しかしながら、原理的には、…で示すように前にも後にも終わりなく連鎖しているはずである。

| … 美 | 醜 | 美 | 醜 … |

　「美・醜」を、「美しい・より美しい」と置き換える方がわかりやすいだろう。この点で、芸術と技術とは共振する。この誇張と圧縮の関係は、芸術にも技術にもあてはまる。両者を区別せねばならないとしたら、それは、前者の唯一性に対して、後者の効用性、実用性の有無ということになろう。唯一性を実現するための効用や実用はありうるし、効用と実用を実現する前提に唯一性はありうる。

89：森　元孝『アルフレート・シュッツのウィーン―社会科学の自由主義的転換の構想とその時代』（新評論　1995年）第6章第4節「芸術をめぐる二草稿」参照。

もちろん芸術性は、効用や実用とは必ずしも一致しない水準にある。その日常との疎隔（すなわち、たとえある芸術性が、日常的な中にあってもそれに気づかないままにある場合も含めて）が、作品であることの無比性となり、芸術家や流派の孤高ということになるはずだからである。

しかし他方で、上の形式は、

…	真の芸術家	嘘の芸術家	真の…	嘘の …

ということも示しており、

…	真の解説者	嘘の解説者	真の…	嘘の …

という具合に、人が人に連なることにより、人を人が代表する可能性もつねにある。芸術がその孤高性を消却し、批評と解説によりそれが救出され、あるいは創り出されさえするという関係にもなっているということである。作品の接続可能性が、何によりどこに開いているかにより、芸術はつねに普及し、さらに通俗化する可能性があるし、俗物だとされていたものが芸術ともなりうるのである。

6. 体系分化

　世界は、諸々の出来事の集合である。出来事は、事の生起と消失とともにあり、そもそも時間性を帯びている。そして出来事は、その生起と消失の帰属点によって、体験あるいは行為のどちらかに弁別される。

　体験あるいは行為という弁別と選択により、出来事は、媒体「身体」、媒体「言語」、そして媒体「人」を介して、意味を帯びながら連関していく。

　したがって、行為と体験の連接の仕方、すなわち行為→行為、行為→体験、体験→行為、体験→体験というマトリクスで考えられる連接の仕方により、ある水準での分節化を考えることができ、さらに行為→体験→行為→‥‥というその連関の仕方により、さらなる水準での分節化を考えてみることができる。すなわち、分節化されるそれぞれの水準で、連接と連関をする媒体が生成し、その再帰性が自生する蓋然性と非蓋然性があるということである。

　本章は、「体系分化」とあるが、まず社会体系なるものがあって、それが分割されているという話ではない。そうではなく、行為と行為、行為と体験、体験と行為、体験と体験の連接とそれらの連関の仕方に介在する諸媒体[90]が再帰して体系を作り出し、それが事後的に部分体系や下位体系と呼ばれる水準を構成していくということにまず関心があり、その後それらがさらに分化するか、あるいはそれらとは別の諸体系と関係していくことに興味がある。

90：こういうアイデアは、もちろん先駆者たちの著名な業績に由来するものである。この種の古典的な知識は、前掲書〔森 (1995b) 第5講〕を参照。「貨幣」「権力」は、パーソンズの象徴媒体論、そしてこれらに加えて「法」「真理」「愛」は、ルーマンの伝達媒体論に由来する。パーソンズは、社会がその下位体系に分化していくという立論であろう。ルーマンの場合にも、媒体よりも体系が前提としてあるように読める。

1. 媒体「人間」と教育

　行為の帰属点は人 (person) であった。人に対して人間 (human being) は、身体、言語、人を時間軸上に整序していく媒体だということができる。人間というのは、ある時点には、ある人の面を持ち、また別の時点には別の人の面を持つことができる。その基体は、とりあえずはホモ・サピエンス、ヒトという生物種ということになろうが、ロボット、サイボーグ、アンドロイドなどを考え、人造人間が可能であるとすれば、それも人間として考えてみることができる。そしてこれを決めるのは、言うまでもなく人なのである。

　右図のように、人間は、子どもと大人に二分されよう。そして前者から後者への生物学的成長のみならず、人格形成や教養形成という学習と修学の時間プロセスもあり、成人およびそれ以降から子どもへと遡ることで履歴・経歴というものがある。そこにおいて取捨選択されて作り上げられる記録と、そのプロセスに生起した、あるいは生起する諸々の出来事の帰属時点ごとに、その都度、人が現れ出るのである。「剛腕社長、幼いときは臆病な子だった」「彼女は、学生時代とは別人になった」という具合にである。つまり、人は見かけによらず、そして人の顔は、時とともに変わるのである。

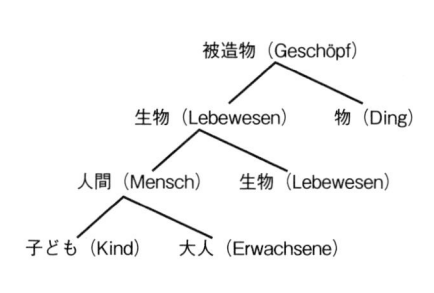

　履歴・経歴の形成過程は、諸々の出来事の選択とその連関整序により成っている。この整序プロセスは、人間独特のものであろう。すでに述べたレリバンスの循環する体系によって、人間を媒体にして人が産出され、それが編成されていくということである[91]。そしてこれに社会の様態が、やはり選択的に断片的に織り込まれている。この整序プロセスは、言い換えれば、諸々

91：前章第3節　媒体「人」を参照。

の出来事が人間を介してつながる、そのつながり方ということである。

　世界内の諸々の出来事は、その生起が行為として人に帰属していく場合と、それ以外の、その出来が体験として世界に帰属する場合とに弁別され、かつ連接していくプロセスである[92]。

　生起した出来事への注意は、その時の区切りであり、生への注意 (attention à la vie) である（主題的レリバンス）。注意は、選択であり主題化であり[93]、注意した出来事から、時々刻々、時間軸が生成していく。選択され主題とされた出来事は、それが何であるか問われ解釈され、時間軸上のその位置が、選択により明瞭にされていく（解釈的レリバンス）。

　諸々の出来事が整序される際の前提となる時間軸は、等間隔的体験を基礎にして[94]、まだ生起していない未来の出来事への予期も伴いながらなされていく。それが可能になるのは、等間隔の体験が、未だない状態をも、現在の延長上にその等間隔的リズムにより想像させるからである。主観性が形成されるというのはこういうことであろう。

　そうしたありうる出来事を予期し、それに向けて身体を連動させることが可能である。球技をしていて、転がってくるボールの経路を身体は予想して動き取ろうとする。体が覚え、これからありうる事に対応できるということでる。

　それだから、ありうる出来事を投企し、それに向けて現在の私、すなわち身体、言語、人を制御していくことができれば、行為のプロセスも未来完了時制に配列しつつ編成していくことができる。

　まず、今・現在から未来完了時制として、ある事象が目的達成の状態として投企される。「明日、早起きしよう」「有名大学に入ろう」「人生成功しよう」などの決意や願望は、今・現在のところは、未だ成っていないが、未来に完了する事象が企図されるということである。そう投企された目的に向けて、そこに向かうプロセスで生起し消失する諸々の出来事が体験と行為に弁別され、とりわけ後者が整序されていくことで、目的が達成され投企された

---

[92]: Luhmann (1978), S.237 f.; S.68 f.
[93]: シュッツの主題的レリバンスは、ルーマンの場合の選択ということにあたろう。
[94]: 第5章第1節 (62頁) 参照。

プロセスが行為として完遂するのである。

ひとつの行為過程は、体験とは弁別される一連の行為がその単位となってまとまり成り立っているということになる。例えば「会社に行く」という行為が、さまざまな行為から成っていることを考えればよいであろう[95]。「家を出る」「バスに乗る」「電車に乗る」「階段を上がる」「エレベータに乗る」などが後者であり、それら全体で「会社に行く」という前者が成っている。

遂行される行為、そして完遂した行為は、それぞれそれを行うことについての目的と理由とをつけてみることが可能なはずである（動機的レリバンス）。この動機説明は、注意や選択における身体性の水準とは異なり、言語性の水準でなされる。すなわち、これまで述べてきた注意→選択→解釈→行為→動機説明（解明）という一連のプロセスは、身体性から言語性へという流れに沿っているようであり、解釈において言語性と身体性が混交していると考えられる。この一連の行為過程が選択整序され、その帰属点に人が、行為者として立ち現れ確認されることになる。

人間を教育することの難しさは、こうした行為プロセスに、行為プロセスで関わらなければならないからである。というのも、レリバンスの体系により沈殿し蓄積されている履歴や経歴は、その体系が初発の「生への注意 (attention à la vie)」であり、その前提が多定立的 (polythetisch) であることから、自生的 (spontaneous) にのみ生成するはずのものである。しかしながら、履歴や経歴は、現代においては客観化され顕彰され、また自慢されるものでもあるし、区別し差別し支配するための証票ともなる。

教育は、人間の能力・可能性を見出し引き出し、他の人間たちの多様な行為プロセス、すなわち社会に巧く結びつけることに使命があるように考えられる。だが、これを使命として遂行することもまた行為であり、そもそも意図的で主観的な行いのはずである[96]。これゆえに、教育というものはきわめて難しい。というのも、子どもにもすでにその子ども自身の時間軸へ行為を

---

[95]：シュッツは、このひとまとまりの行為 (Handeln) と、それを構成していく行為 (Handlung) とを区別している〔第2章第4節 (27頁) 参照〕。
[96]：Niklas Luhmann, *Das Erziehungssystem der Gesellschaft,* Frankfurt am Main 2002, S.15.

整序していく主観性があるからであり、経験の構成は上述のとおり本来、自生的な性質があると考えられるからである。そういう行為の弁別プロセス、行為を整序していくプロセスに、その人ではない人がまた別の弁別プロセスを提供することになるからである。

何もしない教員が好かれ嫌われ、おせっかいな教員が嫌われ好かれるのは、それゆえである。

近代社会の人間には、子どもと大人の区別があり、これらを結ぶ時間過程に教育という行いが（さらにはその複合体である行為体系として）介在している。教育は、人間の能力・可能性を見出し引き出し、他の人間たちの多様な行為プロセス、すなわち社会に巧く結びつけていくための過程であり、その点で、行為体系のひとつにほかならない。

人間が、人間そのものにかかわるという点で、教育体系は、次節以下で挙げていく諸媒体と各個別の社会体系とは性質が違っている。というのも、この体系は、社会を構成する基本前提である人間という媒体の形成プロセスに関わるからである。と同時に、それゆえに、近代社会においても、また近未来の社会においても、教育体系ということが重要な問題だとされてきたのである。

大人の「行為」→子どもの「行為」、大人の「行為」→子どもの「体験」、子どもの「体験」→大人の「行為」、子どもの「体験」→大人の「体験」という連接の仕方に関する四つの類型のどこを基本とするかにより、人間形成の仕方は変化するはずだからである。

2. 媒体「貨幣」と経済

社会の存立は、人間形成への関わりとともに、物の配置への人間の関わりを欠いてはありえない。それゆえに、人間も人材として財化もされる。

経済の体系生成は、媒体「貨幣」によりなる。交換と売買の場、市場が、まさしく経済を稼働する。物の移動は、人間の行為と体験からなっている世界である。その移動が、人の必要と不必要により配置される仕組みが経済である。この体系を構成していく諸々の行為の集まり、すなわち「売る」と「買

う」、「支払う」と「受取る」という行為連鎖が、この体系を作っていく。ゆえに経済体系は、行為体系のひとつでもある。

こうした経済体系を稼働させる、市場の位置について明確にせねばならない。というのも、経済と市場とは切っても切れない関係になっているが、同じではないからである。市場は、この経済体系が成っている足場であるが、経済体系の環境にあるということに気がつかなくてはならない[97]。

売買は、価格なしにはありえない。価格は知覚されるものである。そして貨幣は、人が必要とする物、つまり財の値を計測する単位として働く（計測単位）。経済の生成は、生存に必要 (basic needs) な財の取得と交換から始まる。生きる時間過程は、この物財が前提にある。そしてその余裕確保が、informed desire を生み出し、生きるリソースとなる。プロテスタンティズムと選択的に親和関係にある西洋資本主義は、質素倹約、生活の方法統御によりその余裕確保を遂げた。これが富の蓄積となり、産業のための資本を準備したということになっている[98]。

手から口への、すなわちその日暮らしをしている肉体の新陳代謝から、富の蓄積が可能になるプロセスへと、行為とその体系が複雑化していくことにより（迂回）、経済はヨリ資本主義となっていった[99]。すなわち、原材料から最終製品に至るまでのプロセスが、広範多岐に広がり、そのプロセスが長くそして深くなっていくことが、物財の生産と流通を複雑化し、それによる価値増殖を可能にしていったということである。

その際、貨幣の特質は、それが一般的交換価値を備えた交換手段だということである（交換手段）。物々交換というものは、二重の条件依存性 (double contingency) が成立しなければならない[100]。すなわち、自分の欲しい物を自

97： Niklas Luhmann, *Wirtschaft der Gesellschaft*, Frankfurt am Main 1982, S.91 ff..〔春日淳一訳『経済の社会』（文眞堂　1991 年）第 3 章〕。

98： Max Weber, „Die protestantische Ethik und der >Geist< des Kampitalismus", in : M. Weber, *Gesammelte Aufsätze zur Religionssoziologie*, Bd. 1, 1920, S.17-206.〔大塚久雄訳『プロテスタンティズムの倫理と資本主義の精神』（岩波書店　1988 年）〕。

99： Eugen von Böhm-Bawerk, *Positive Theorie des Kapitales* (Vierte Auflage), in: *Kapital und Kapitalzins* (Zweite Abteilung), Meisenheim/Glan 1961.

100： 二重の条件依存性については、96 頁注 109 参照。

分の余裕のある物と交換する際に、相手の欲しい物が、まさしく自分の余裕のある物であり、かつ相手の余裕のある物が、自分の欲しい物であるという、二重に偶然が重ならなければならない。この稀な状態がないと物々交換は難しい。貨幣がこの難しい隔たりを架橋してくれる。言い換えれば、貨幣にある一般的交換性能が、何にでも交換を可能してくれるということである。

　貨幣による交換の進展が、ヨリ資本主義的な社会へと複雑になる可能性を開いていく。そしてそこにおける、人の匿名度が上昇していく。

　例えば、古典派経済学の三要素は、土地、資本、労働であり、それぞれ地主、資本家、労働者という人について三類型が対応していた。これら人の三類型は、歴史的にそうした人のイメージとして描いてみることができる。しかしながら、こうした類型は、新古典派の時代になると、生産と消費の均衡と不均衡が基本前提とされ、人の類型は、生産者と消費者という抽象化されたモデルに移行する。私たちがいる現代の消費万能の社会においては、生産者とは、財を生み出す人として、その人の像をイメージしてみることはできるが、この人たちも、同時にまた消費者でもある。

　経済学の文脈においては、貨幣が、こうした人間類型間にある商品交換過程を描写するものとして道具的な媒体として考えられてきた。

　例えば、P=財・サービス・証券の価格、T=取引回数、M=貨幣（すなわち金額）、V=貨幣の回転数とすると、$MV = PT$　という関係があるとされる（フィッシャーの取引型数量方程式）。

　$V=PT/M$　となり、経済体系内の貨幣流速を計算することができるということになる。あるいは、次のようにもなる。すなわち、Y=名目国民所得、P=物価指数、y=実質国民所得とするなら、$Y = Py$だとされる（ケンブリッジ現金残高接近法による所得型数量方程式）。

　これらのモデルの前提には、貨幣を媒体として、媒体「言語」の類比のように考えようとしている点がある。すなわち、意思疎通と合意の類比としての決済（支払い手段）、そして筆記と記録の類比としての貯蓄（価値保蔵手段）があてられている。

　こうした貨幣にあるとされる性能を前提にして、エコノミストの使命は、

よりリアルに、経済プロセスを描写していくということになる。言い換えれば、商品の交換移動を、よりリアルに模写しようということである。この点では、エコノミストのそれは、通信工学者のそれとも同じ関心にある。実際、貨幣の方程式は、「電圧×電流＝電力」の関係のアナロジーでもある。言い換えれば、エコノミストの場合には、そうした視点から、「人」が豊かになるということを考えようということである。もちろん、この関心は、経済学そのものの是非などではなく、この学が、そういう使命を持つものだということである。

ただし、貨幣を言語に類比することは難しくないが、貨幣が言語と決定的に違うのは、貨幣は支払い手段（≒意思疎通手段）、価値保蔵手段（≒記録手段）だというだけではなく、先に触れた計算単位でもあるところにある[101]。すなわち、貨幣は加減乗除が可能である。言語において、その単位を文、要素を語としても、それらに対応するものは、通語を前提にしている限り自然言語においてはあてはまるものを見出すのは難しい[102]。

貨幣はそうした計算単位であるがゆえに、貨幣流速ということにも意味があり、流速調整が経済体系調整と考えてみることもできるということになるのである。自然言語では、これはできない。しかしながら、財が商品として存立する際の、その物の希少性、すなわちそれが不足するということ、人が欲している量よりもその供給が不足する、あるいはそうなる可能性があるということが、貨幣そのものの場合にも発生する（貨幣の希少性）。

貨幣と商品との対応関係を、節度をもって維持しようとする貨幣観（貨幣商品説）で維持できるよりも、20世紀後半以降の人の生活は、教え込まれる欲求 (informed desire) とともに、はるかに複雑になっていった。そのために最終的に国民国家が、その通用を保証し、さらに最後の最後にはアメリカ合衆国の経済支配力、その前提である軍事力により支えられているとする貨幣法定説を信じることが一般的となっていた。しかしながら、これも最終的には

---

[101]: John Hicks, *Critical Essays in Monetary Theory*, Oxford University Press 1967, p.1.
[102]: それゆえにシャノンとウィーバーは、文字、語、音符などのシンボル選択について、それが先行するシンボル選択とどう関係するか、その順序の確率を問うことになった。マルコフ過程さらにエルゴード過程〔Shannon/Weaver (1949), p.11 f., p.39 ff.（邦訳 28 頁以下、および 72 頁以下）〕とはそういうことであろう。

無根拠の可能性はある。貨幣の通用は、それが貨幣として一般的交換性能を有していると、人が信じるというところにかかっている[103]。

一般的交換性能は、いつどこでも必要な財と交換できるという性能であるが、それがいわゆる国定貨幣でなければならない根拠はそもそもない。こうした交換性能は、流動性選好として考えられてきたが[104]、流動性選好の制御は、国家や法が最終的に保証できるものではない。非常事態においては、国定貨幣以外の諸物が、これに取って替わる可能性は、これからもある。

交換性能があるということの本質は、人が決定を延期できるということでもある。富裕であることで、生きることに余裕を持てるということは、当座の決定を先延ばしすることができるということである[105]。日々渇々で生活している場合には、どうやって今を乗り切るかという決断の連続となる。「カネ」があるということは、「コネ」があるということと同様に、自らの即自的意思決定を引き延ばすことができるということであり、リスク回避の一種である。しかしながら、繰り返しになるが、リスク回避は、それ自体がまた次の水準でのリスクを冒している可能性もある。

経済体系は、「売る」と「買う」、「支払う」と「受取る」などの行為連鎖から成っているが、貨幣はその一般的交換性能により、これにより何かを所有できるという未来投企が可能になってくる。この点で、「体験」→「行為」、すなわち所有可能性という「未来投企」→貨幣「支払い」あるいは「受取り」という連接の仕方として、貨幣という媒体は成っていると考えることができる。

3. 媒体「権力」と政治

人材としての人間の再生産と物の配置は、人の配置として組織化される。

---

[103]：森　元孝『貨幣の社会学―経済社会学への招待』東信堂　2007 年。
[104]：John Maynard Keynes, *The General Theory of Employment, Interest and Money*, in: *The Collected Writings of John Maynard Keynes Volume VII*, The Macmillan Press 1973, p.166, p.168.〔塩野谷祐一訳『ケインズ全集第 7 巻　雇用・利子および貨幣の一般理論』（東洋経済新報社　1983 年）164 頁および 166 頁〕。
[105]：Elena Esposito, *Die Zukunft der Futures －Die Zeit des Geldes in Finanzwelt und Gesellschaft*, Frankfurt am Main 2010, S.74 ff.

人が、人と人々を組織し編成する際に不可欠な「力」は、すでに媒体である。人が人に振るう力は種々ある。暴力、権力、勢力、威力、圧力など。

統御（支配）する行為の帰属点には人、すなわち主人が現れる。そしてその行為により統御（支配）され行為させられるその帰属点には、やはり人である従者がいる。

力がないと、人および人々の集まりを組織することはできない。そういう点では、例えば「権力的ではない組織」という表現は無邪気だが、人が人を動かすという関係がある限り、例えば「みんなで決める」「みんなで行う」「みんなの党」と口にはできても、「みんな」もまた「ある人（あるいはその拡大）」にほかならないし、いわゆる発語内的力、発語媒介的効果がすでに働いている。「みんなにさせる」「みんなで行う」「みんなで集まる」と言うとき、すでに権力 (political power) が発生している。

権力の存在事由は、とりわけ類似の力である暴力を統御することにある。それは、力が力によってのみ制御されるということでもある。

暴力は、身体による身体への毀損と定義することができる。殴る、蹴るから、罵倒するまで身体への毀損の程度により暴力を分類することができるはずである。そして道具は、もちろん身体の延長であり、刀剣、銃砲で身体を毀損、威嚇することも暴力にちがいない。

暴力の究極のパラドクスは、暴力により人が人を統御し支配する可能性があるにはあるが、統御制圧する身体を毀損、さらには損壊させてしまう可能性があることにある。支配する相手を壊滅させてしまうと、もうそれ以上、その相手を支配することはできなくなる。従僕を殺してしまうと、もうその従僕を主人は支配することができなくなろう。

敵対者たちを投獄し処刑することで成っている恐怖政治の場合も、まさしくそうした投獄や処刑が、そうされる者以外の者たちを支配する担保となっているということである。従属せねば同じ目に遭うかもしれないという恐怖により、その者たちを統御することができるということである。

そうした暴力行使の担保、すなわちそうした潜勢力が、支配関係を可能にしているのである。この種の暴力が直接的に見える形での支配関係は野蛮だ

とされている。文明化された世界であるためには、この担保は、もっと精密に組み立てて、見えないようにする必要がある。

支配の正統性という問題である。ウェーバーの古典的な三類型が今も説得力があろう。カリスマ支配は人の超人性に、伝統支配は人の人性に、合法的支配は人の没人性に遡及する[106]。人の人による支配は、人を超える力か、人の人ゆえの力か、人の人を超える力により可能だということである。

人は、巨体、粗暴、悪辣、美貌、理知などにより他人を超えることで、それはまさしく超人の支配として正当化される（カリスマ的支配）。また人は、誰それの子である人などということで、誰それの後継者なる人として、そのしきたり、習わし、権威に基づいて正当化される（伝統的支配）。そして人は、自分ではない、すなわち組織の決定として、自らを消し去ることによりその支配を正当化することもできる（合法的支配）。

権力状況は、親密性―匿名性という軸から、すなわち直接世界の水準から非直接世界の水準にわたって観察することができる。夫婦、家族をはじめ親密空間とされるところでも、村落、町内会、自治会など地域集団においても、そして行政組織においても、企業組織においても、力による人の人支配を観察することができる。人の人への力の関係であり、伝統的支配として人の人性が構造化される（家父長制、性役割分業、経営家族主義）。

権力行使というその正当性の根拠が不鮮明になってくると、身体による身体およびその道具、さらにはそのシンボルによる支配という傾向が強くなろう。根拠手続きを客観化するために、権力行使の指導要領が必要となる。文書にすることが最も典型的な方法であろうが、つねに文書化が必要であるとは限らない。文書、紋章、印章などの表徴性そのものだけでも、支配と服従の空間を担保していることが珍しいことではない（具現的公共性[107]）。

106： Max Weber, *Wirtschaft und Gesellschaft -Grundriss der verstehenden Soziologie, vierte,* neu herausgegebene Auflage, Tübingen 1956, erster Teil, Kapitel III, IV, IX.〔世良晃志郎訳『支配の諸類型』および『支配の社会学I』（創文社　1970年）〕。

107： ハーバマスの representative Öffentlichkeit という概念。王冠、紋章など権威の象徴として、支配の正統性の開示が、具象化された物に求められる場合。Jürgen Habermas, *Strukturwandel der Öffentlichkeit –Untersuchungen zu einer Kategorie der bürgerlichen Gesellschaft,* Neuwied 1962, S.17 ff..〔細谷貞雄・山田正行訳『公共性の構造転換』（未来社　1994年）〕。

言い換えれば、力が力によってのみ統御されるということにより、権力そのものの統御は、権力そのものによってしか可能ではないということである。三権分立というモンテスキューに遡及する権力分立論は、そのことをよく示している。国家権力は、それ自体を分立させて、分立したそれぞれの間に設けられる牽制関係により制御されるということである。同種の問題は、立法権の内部での二院制、与党―野党関係、司法権における三審制、行政権における行政監察などであり、権力の統御は、権力によってのみ可能であるということでもある。

　各権力機関は、身体性に由来する暴力性を備えた人の一種の擬態であり、職務分掌規則によりそこでの人の行為がマニュアル化され制約されていることになっている。大統領、首相、議員が、選挙により選出され、それぞれの職務執行の権限が文書化されているというのも権力制御のための仕組みにほかならない。民主政は、民意なるものが、権力に対するという形になっているが、民意なるものそのものも力の形にならなければ、権力を制御することはできない。広場に、あるいは投票により、集まり、あるいは集めて大きな力になる必要がある。

　企業組織においても、経営者、取締役および取締役会は、株主及び株主総会と対するようになっている。株主は配当を受けるためにいるのではなく、企業経営という権力を統御していくためにある。これも、文書化されて力の行使が可能になる権力の世界の問題である。

　こうした力が力を統御するという権力の再帰的関係は、権力の循環でもあり、またそれにより権力が再生産され正当化され続ける。権力は、正統性を伴って、人が人に何かをさせるという行為であり、その帰属点に人が現出するということにより、権力の再生産は、人の人支配のそれということである。

　とりわけ日本において、政治家の子どもが政治家となることはその典型であるし、現職が新人よりも一般的に有利となるのは、再生産を可能にする有利なリソースを現職は持っているということである。御用学者の子どもが御用学者となるのも、就職に際してコネが物を言うのも、こうした例のヴァリエーションである。

権力行使が、文書化されマニュアル化されることは、その没人格的正統性調達の手続きであるが、文書作成という記録作業は、言語性水準のそれか、身体性水準のそれかの区別が難しい問題でもある。この点では、暴力という身体による身体を毀損する物理的力が、文書化された水準においても、潜在的に残り続けているのである。

　さて、民意が権力を制御する力ともなると述べたが、民意は、本来は権力が形成する政治体系に密接に関連した環境のはずである。これは経済体系にとっての市場の関係とよく似ている。しかしながら、政治体系の周界に生起する出来事は、市場における価格のように数字というインデックスで知覚することはできない。選挙結果や世論調査、そして新聞、テレビ、雑誌が、その代用物を、まさしく支持率などとして数字で示すことがあるが、それらが代表する言論が、民意そのものかどうかは別問題のはずである。それが、言論機関として具現的な公共性を形成していることはしばしばある。第四権力とも言われるように、言論機関が権力を批判するものだとされても、これもやはり権力であることはたしかであろう。

　見方を変えれば、権力が造り出す政治体系を民意が捉え統御することは、経済体系を市場が決定していくのと同様に、あるいはそれ以上に難しい。経済体系にとっての市場の場合と同じように、政治体系にとっての民意は、この体系の観察結果でしかない。どちらの体系も、これらをさらに観察することしかできない。さらに民意そのものを代表しようとする機関は、市場の制御や操作と同じように、それ自体を権力により組織化して、政治体系の一部となるということでもある。

4. 媒体「法」と法体系

　法は、権力の場合と同様に、人と人の関係に関わる。それゆえにしばしば権力と法とは共生関係にある。法の執行が権力行使となり、権力行使の根拠が法に求められる。

　甲の乙への期待が、乙の甲への充足、あるいは乙の甲への期待が、甲の乙

への充足という、一方の期待への他方による充足という一方向的関係（相補性 complementarity）とは異なり、甲と乙双方に、期待と充足とがあり双方向に向き合っている関係（互酬性 reciprocity）がある[108]。

媒体「貨幣」で述べた、物々交換は、この互酬性のようにも見えるが、相補性の特別な場合であろう。二重の条件依存性とも言われる[109]、甲が期待していることを乙が充足し、乙が期待していることを甲が充足することが、同時的に行われる関係である。

この関係は、第三者には見えにくい当事者間に閉じた関係である。物々交換は、この二重の一致という偶然が起こらなければならない。貨幣は、貨幣であるゆえの一般的交換性能によりこの有り難さを縮減し交換を同時的に達成する媒体であった。

これに対して、双方に権利と義務がある互酬的関係は、時間的隔たりがある。甲の期待と充足、乙の期待と充足は時間上、交互的になっている。たとえば甲はある時点まで乙に期待。乙はその間、甲の期待を充足する。ある時点になると乙は甲に期待、甲は乙のそれを充足する。

例えば、甲は乙からある時点まで金品を借用した。ある時点まで甲はそれを使用する権利があり、乙はそれに応える義務がある。決めた時点において、乙は甲に返還を求める権利が生じ、甲は乙に返還する義務が生まれる。こうした互いの権利と義務の関係は時間経過があり、約束や証文により結ばれる

108：「簡潔に言えば、相補性とは一方の権利が他方の義務、逆もまた同じということである。しかしながら互酬性とは当事者それぞれに権利と義務とがある」(Alvin W. Gouldner, "The Norm of Reciprocity –A Preliminary Statement", in: *American Sociological Review*, Vol. 25(2), p.169.

109：二つの概念について、パーソンズは次のように書いている。「人間の相互作用諸過程における諸期待の相補性の位置を考察するなら、文化パタンの諸起源と諸機能の分析に中枢となる一定諸概念が関わっている。相互作用に固有の相互依存性 (double contingency) がある。一方で自我の充足は、可能な選択肢間での選択に状況依存するが、他方で他我の反応は自我の選択に状況依存的となり他我の側の相補的選択に由来する。この二重の条件依存性のために、文化諸パタンの前提条件であるコミュニケーションは諸状況に特異な個別性からの一般性や、当事者双方に遵守される〈慣習〉によってしか確かめられない意味の安定性なしにはありえない」(Talcott Parsons/Edward Shils et. al., *Toward a General Theory of Action*, Cambridge Mass. 1951, p.16.)。さらに、Niklas Luhmann, *Soziale Systeme –Grundriß einer allgemeinen Theorie*, Frankfurt am Main 1984, Kapitel 3.〔佐藤勉監訳『社会システム論（上）』（恒星社厚生閣　1993 年）第 3 章　ダブルコンティンジェンシー〕。

ものである。時間軸上で対称的関係を作り上げる媒体として法がある[110]。

　媒体がつなぐ関係が、法として、とくに成文化されることで可視化され、これにより初発の時点においては非対称的であるために生じる不安定性を定められた時点において安定化する蓋然性と非蓋然性とが高まる。

　借用書は、定めた日時までの借用を許すものであり、それ以降も返さないと違反になる。権利義務関係が、未来に起こる出来事への予防となり、また過去に起こった出来事への救済・復旧となることを考えれば時間的な非対称性と、それを架橋する法という意味がわかろう。

　しかしながら、それにより不安定性を安定化させることが可能であろうが、それにより最終的に確実だということではない。互酬性は時間過程であり、これが崩れるリスクと不確実性はあり続ける。

　権力の場合と同様に、法は、人の人への関係であり、そのリスク回避、不確実性解消、言い換えれば確実性担保は、端的には暴力行使とその可能性である威嚇により担保される。と同時に、権力の行使そのものも、法により可視化し、その正統性の調達を求められることになる。この場合、法と権力とは共生的関係にある。

　このシンビオティックな関係により、権利と義務とを時間の両端（時点の隔たり）を架橋する媒体「法」は、法体系として、政治体系を編成する媒体「権力」とともに、社会体系において区別されるが連関している。法が、政治体系とともに、社会を観察することができるということである。不確実性は、一方で制圧され、他方で醸成もされるということである[111]。それにより、法の創造も可能となる。

　さて、そうした法は、諸々の法命題により体系を構成している。仮に成文

110： Niklas Luhmann, „Zur Funktion der ›subjektiven Rechte‹", *Ausdifferenzierung des Rechts –Beiträge zur Rechtssoziologie und Rechtstheorie,* Frankfurt am Main 1981, S.363.
111： ハートの一次ルールと二次ルールは、これらに対応していると考えている。すなわち、「第一の型のルールは義務を課し、第二の型のルールは、公的あるいは私的な権力を与える。第一の型のルールが、物理的運動あるいは変化に関わる行為に関係し、第二の型のルールが提供する操作は、物理的運動あるいは変化のみならず、義務と責任の創造と変容に通じる」〔Herbert Lionel Adolphus Hart, *The Concept of Law* (second edition), Oxford University Press., 1994, p.81.〕。

化されていない場合にも、法は命題化が可能なはずである。法命題は、それを制定する際に、その法意志とそれが企図する事象、例えば「秩序保全」「原状回復」「損害賠償」などの事象、そして制定された法命題にはそれが対応する事象、例えば「人を殺す」「器物を損壊する」などの事象がある。

したがって、法の順守あるいは違反は、規範そのものの問題ではなく、規範遵守とその違反という事実性の問題である。裁判判決も、その事実性判断が主題である。言い換えれば、規範とは、それが事実と峻別されねばならないという規範の規範主義だけが重要なのではなく、むしろその実効性がすでに事実的であるということにその本質機能がある。法は、次のように示すことができる。

| 類型的行動 | 非類型的行動 | 帰属 | 状況 |

法は時点の隔たりを架橋する媒体であり、権利請求と義務履行という二つの時点の隔たりを架橋する。請求から履行に至る、執行と遵守という身体の時間軸上の道具的延長、あるいは成文化という言語による命題化と体系化を考えれば、法が身体性と言語性に基づいた媒体であることもわかる。この道具の使用者は人であり、その法には、つねにその帰属点として人、あるいはその拡張体である法人や国家などが現れる。

上の形式に言う帰属と状況の関係は、媒体「人」に備わった性質であった。次のように書くことができた。

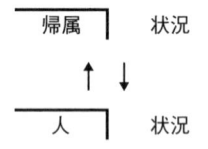

帰属	状況
↑ ↓	
人	状況

法に対応する行為が、類型的か類型的でないかの区別は、状況において、それが人にどう帰属するかを人が判断するということによる。

次図は、法命題 $\{S| S_1, S_2, S_3, \cdots S_n\}$ に対して、それぞれに対応すると考

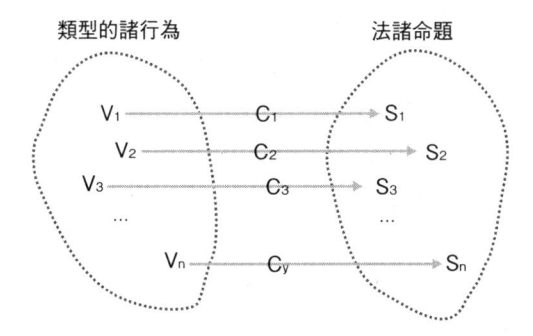

```
        類型的諸行為              法諸命題
        ┌─ V₁ ──── C₁ ────→ S₁ ─┐
        │  V₂ ──── C₂ ────→ S₂  │
        │  V₃ ──── C₃ ────→ S₃  │
        │  …               …    │
        └─ Vₙ ──── Cy ────→ Sₙ ─┘
```

えられる諸行為 $\{V| V_1, V_2, V_3, \cdots V_n\}$ があり、その対応性 $\{C| C_1, C_2, C_3, \cdots C_n\}$ があるということである。それぞれが対応しているか否かは、法解釈 (Interpretation) と手続き (Verfahren) により決定され、そのこともまた人(あるいはその拡張体)に帰属することになる。

人の多面性ゆえに、法の制定のみならず執行は、執行者の裁量権の範囲内となることもあるし、その裁量権の逸脱ということにもなる。そしてその裁量が妥当か、そうでないかも、判決に委ねることになる。これらも、状況依存性と、そこで決定する人にすべて依存していることになる。それゆえに、制定者、執行者、判断者が、違った人あるいはその派生体である組織で区別されるのが一般的なのである。

個別の法(法命題X)そのものも、他の法との関係で、その整合性を問うことができ、解釈と手続きにより、それを含んだ法の体系化が可能となるが、これも次のような形式であることから、同じ問題を抱えていることがわかる。

法命題 X	法諸命題	帰属	状況

そうした法体系の整合性を、状況を状況が決定するということから、法を階統化して、その整合性の正統性の担保を求めるなら、最高法規なるものをどこかに仮設せねばならないという考えも出てくる。もちろん、この最高法規の帰属点も、原理的には人およびその拡張体ということになる可能性がある。

したがって、法の帰属点を最終的に「神」とすることもありうることである。

例えば、大日本帝国憲法「第１条　大日本帝国ハ万世一系ノ天皇之ヲ統治ス」「第３条　天皇ハ神聖ニシテ侵スヘカラス」である。天皇をひとつの「機関」とするのも、ひとつの方法であった。しかしながら、当然のことながら、こうした神と人との弁別を、神に帰属させるか、人に帰属させるかということも問題となり、これを不問にすることは、さらに問題を先送ることともなる。大日本帝国憲法の場合には、人と、皇祖皇宗ノ神霊との関係が問われる。しかしながらこれらは、「人」ということになろう。

　すでに触れたことだが[112]、ドイツ連邦基本法前文では「神と人間に対するみずからの弁明責任を自覚し、統合されたヨーロッパの中で平等の権利を有する一員として、世界平和に貢献しようとする決意に満ちて、ドイツ国民は、その憲法制定権力により、この基本法を制定した」とあった。

　これは、大日本帝国憲法の「告文」と「発布勅語」とは異なり、神と「人間」の区別を前提にしている。

　神と人間と人の関係は、右図のようになっていると考えることができた。

　法実証主義者は、解釈と手続きを支える誠実性を人間に期待せねばならなくなるが、法が、身体性と言語性を含み、人性から逃れないかぎり、命題部分と遂行部分という発話行為の基本単位を考えれば、リーガルマインドを持った法律家による法命題であっても、命題への力の介在（発語媒介的効果）は不可避だと考えねばなるまいと私は考える[113]。

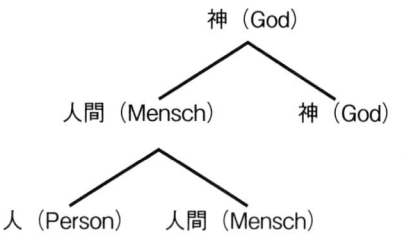

　大日本帝国憲法の場合には、皇祖皇宗ノ神霊という、作り上げられた神話に遡及することになるが、これは神話を神話と決めた人に帰属するということになる。同様のことは日本国憲法の場合にも向けてみなければならない。国民主権とされているが、国民というものも、媒体「人」についてのある個

112：第３章第４節 (39 頁) 参照。
113：Hans Kelsen, *Reine Rechtslehre*, Leipzig/Wien 1934, S.69 f.〔横田喜三郎訳『純粋法学』（岩波書店 1935 年）112 頁〕。

別具象であり、アプリオリにあるものではない。

　憲法制定を憲法制定権力という抽象的な権力に求める論理はありうるが、そう表現される場合の権力行使者は、すなわち主権者が、人間か国民かは、人間か神かと同様に区別する必要がある。そして、神、人間、国民をそれぞれ区別するのも人である。

　厄介であるのは、その国の成員とされる人（たち）、すなわち「国民」は、たとえその人（たち）の意に沿わない、その「国（家）」という人の拡張体にも従わなければならない場合があることである[114]。

5. 媒体「真理」と科学

　科学は、真理の発見が使命である。そうだとしたら、本書も、そういう使命を帯びていなければならなくなろう。社会学が、科学であるなら。

　真理発見は、新しい事実の発見であり、新しい出来事を体験することである。今まで知られていなかった出来事の発見であるから、そのことが本当か嘘か、すなわち、そのことを示す文について、真か、真ではないか、あるいは偽であるという値がつくかどうかが吟味されることになる。

　科学の使命が、真理の発見であるとしたら、「先端科学」なる形容がなされるように、その営為は、研ぎ澄まされて限りなく鋭利な先端になっていくか、次々と皮が剥けて新しい先端が顕れ出るというイメージで捉える必要がある。

　科学の進歩は、そうした新しい出来事の発見の連続により支えられる。その連続が、媒体「真理」により媒介されているということである。おそらく、その連なりとともに人は次々に変わっていくはずである。というのも、発見という出来事が次々になされ、その度に帰属先も更新されていかねばならないと考えられるからである。同じ人間ではない可能性が高いであろうし、同じ人間であっても人は変わっていくし、科学は、そもそもひとりの人間ではなく集団、組織によって科学はなされているとも言える。

---

[114]：Hart (1994), p.53.

そうした科学の営為、発見へのプロセスと発見の連続は、真理に対して、真理ではない（非真理）が産出していくそれだとも考えられる。

| 真理 | 非真理 |

もちろんこうした区別は、こうした区別そのものが真か偽かという区別を惹起することになる。仮に真をa、偽をbとしてみよう。区別が区別を引き起こすということから、n次水準にわたってこの連関が広がっていく場合を考えることができ、次のようになるはずである[115]。

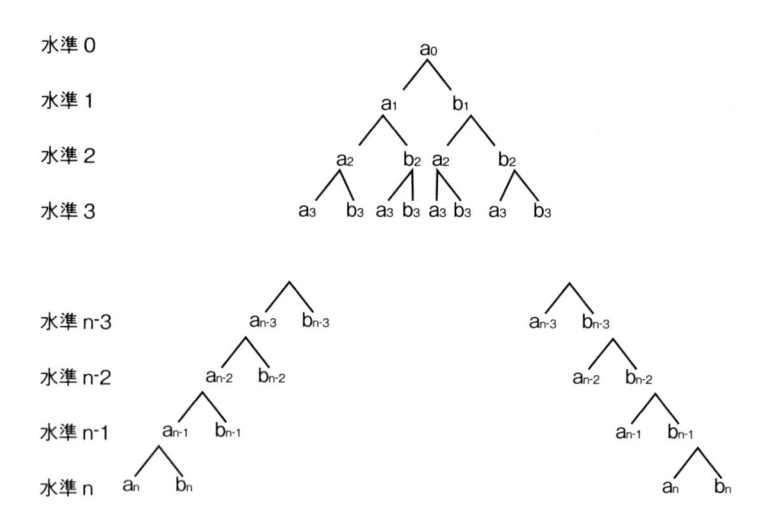

```
水準 0                              a₀
水準 1                        a₁         b₁
水準 2                    a₂    b₂    a₂    b₂
水準 3                  a₃ b₃ a₃ b₃ a₃ b₃ a₃ b₃


水準 n-3              a_{n-3}  b_{n-3}              a_{n-3}  b_{n-3}
水準 n-2            a_{n-2}  b_{n-2}              a_{n-2}  b_{n-2}
水準 n-1          a_{n-1}  b_{n-1}                  a_{n-1}  b_{n-1}
水準 n            aₙ     bₙ                          aₙ     bₙ
```

水準1にあるa_1＝真、b_1＝偽、すなわち真と偽との区別は、それ以前の水準0が真（a_0＝真）であることに支持されている。区別することそのこと自体が真でなければ、その区別の値の意味は不明となろう。

---

[115]：Gotthard Günther, "Life as Poly-Contexturality", in: G. Günther, *Beiträge zur Grundlegung einer operationsfähigen Dialektik* (Zweiter Band), Felix Meiner Verlag/Hamburg 1979, S.291 ff.

当然こうした関係は、水準1にあるa_1=真であることに支えられて、水準2ではa_2=真、b_2=偽として進行していくはずだが、そうした区別をする前提を問わないとしたら、論理的には水準2においてa_2=真、b_2=偽という二値関係が他にもあることになる。水準3になると、さらにあることになろう。

　上のようなピラミッドは、仮想的に考えることができるものでしかないが、$\{a_0, a_1, a_2, a_3, \cdots a_n\}$という具合に、三角形の左の斜辺を登りつめていくように、真が、徹頭徹尾、真に支えられている状態が考えられ、それが本当の真理、真理の媒介ということになる。

　しかしながら、今、現在の区別の前提が真であることを、どこまで遡及できるかは不可知である。例えば、水準2において、$\{a_0, a_1, a_2\}$という真と$\{a_0, b_1, b_2\}$という偽以外に、$\{a_0, a_1, b_2\}$と$\{a_0, b_1, a_2\}$という、そもそもの水準0での区別ではわからない、真か偽かわからない値がありうる。

　表に整理をすると、次頁のようになろう。

　すなわち、水準2の$\{a_0, a_1, b_2\}$と$\{a_0, b_1, a_2\}$の問題は、水準3においては、$\{a_0, a_1, a_2, b_3\}$、$\{a_0, a_1, b_2, a_3\}$、$\{a_0, a_1, b_2, b_3\}$、$\{a_0, b_1, a_2, a_3\}$等々という問題に拡大していく。

　このことは、真偽の軸を維持するために、夥しい数のそれ以外の値の産出を伴うということを示している（次ページ表）。

　科学は、発見の連鎖であり、それは新しい出来事の体験の連鎖ということである。しかしながら、その前提、すなわち新しい出来事の発見が真であることを担保するのは、その値を生む区別（実験）そのものが真であるかどうかに依存することになるし、それを可能にするそれまでの手続き、そしてそれを可能にする知識の体系にも支えられている。

　発見という体験が、発見するための手続きという行為に依存せねばならないところに、真理の発見という体験連鎖をそれ自体で保持していく際の難点がある。というのも、行為は、その帰属点にその都度、人を現出させるからである。

　科学の体系、あるいはもっと広く学問の体系は、知の体系と成り、それは

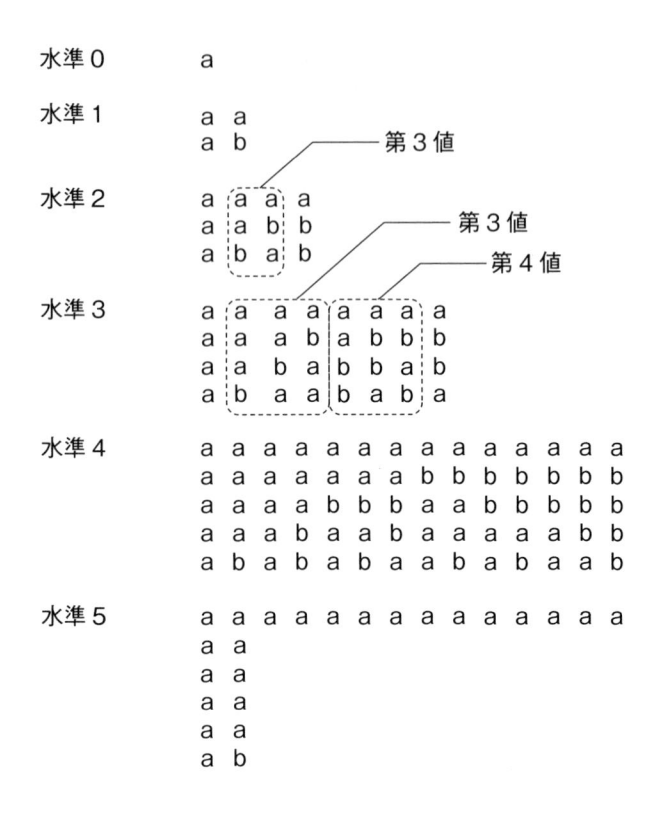

```
水準0      a

水準1      a a
           a b                ─── 第3値

水準2      a  a a  a
           a  a b  b          ─── 第3値
           a  b a  b                        ─── 第4値

水準3      a  a a a  a a a a  a
           a  a a b  a b b b  b
           a  a b a  b b a b  b
           a  b a a  b a b a  b

水準4      a a a a a a a a a a a a a a a a
           a a a a a a a a b b b b b b b b
           a a a a b b b b a a b b b b b b
           a a a b a a b a b a a a a b b
           a b a b a b a a b a b a b a a b

水準5      a a a a a a a a a a a a a a a a
           a a
           a a
           a a
           a a
           a b
```

命題（文、数値）と図像（絵図・写真・映像）とから成っている。科学（学問）の体系と理論は、諸々の命題と図像の整合的な関係から成っている。命題と図像はそれぞれ、それぞれに対応する事態（出来事）が存在しているはずで、その対応関係に真理性を問うことになる（真理の対応説）。

　発見（発明）の明示的な形式は、「私は、・・・ということを発見（発明）した」ということになろう。「・・・」という命題内容の真偽が吟味されることになる。

　発見（発明）された新たな知は、事実そのとおりであるかどうかという点で、真か偽かという値がつく。さて、近代科学とは相容れないことになっているが、神の御心、天の声について、そのとおり聞き伝えているかどうか、それらの真偽を問うことも、こうした発見（発明）に含めることもできる。

模写説は、オリジナルのまま写し取り、あるいは聞き伝えているということにその論拠がある。語り部はそうでなければならなかったし、聖像は、正真正銘、本当の姿が描かれていなければならなかった。

　そうした模写説は、近代科学にも受け継がれた。事象と仮説命題とにある関係から、仮説を検証しようという方法である。しかしながら、この場合には、事象が出来事であるのに対し、それを命題という文で表現するところに本来的な難点がある。言うまでもなく、文は、事象とは同じではない。

　こうした真理の対応説の前提は、事実と命題との対応関係について、その対応の妥当性を問うことであり、事実とは、命題が真だということとして置き換えられることになる。模写における事象と図像との明らかな一致（明証性）の場合以上に、この場合には対応関係そのものが真か偽かという問いを向けることもできるし、さらにその対応関係についての問いと対応関係との対応関係を問うこともできる。二次的、三次的に新たな命題を次々に付け加え説明することになっていく。学問が複雑になる原因のひとつはここにあろう。

　最も原初的に、さる事象を命題化、すなわち文表現したプロトコルそのものでさえ、その過不足を、さらに命題で補足することはしばしば起こる。

　単一の命題だけで、学の体系がなることは難しい。観測される事象に、複数の命題が対応するとともに、かつそれらが矛盾ない関係になることが求められる（真理の整合説）[116]。

　科学、そして学問が、そうした諸命題の体系性により成っているとも考えられる。それゆえに学問を修めるということが、しばしばそうした整合化される知を覚え込むことと同義だと考えられもしてきたのである。

　体系がいかに矛盾なくそうなっているかを論証するには、事象に命題が対応していることを論証することになるが、これはすでに述べたようにさらに新たに命題を生み出すことにもなる。結果として、真理は、対応関係と整合関係について矛盾なく論証できるように十分に討議がなされて合意に到達す

---

[116]：Otto Neurath, „Empirische Soziologie", in: *Wissenschaftliche Weltauffassung, Sozialismus und Logischer Empirismus* (Hersg. Rainer Hegelmann), Frankfurt am Main 1979, S.182 ff.

ることが求められるともされる（真理の合意説）[117]。

　ただし、命題を検証するというのではなく、視点を変えて、事象と命題との対応関係を疑う反証が掲げられ、その反証とそれに基づく論駁にどれだけ仮説（命題）が耐えうるかということに、その対応関係が示す事実性、すなわち真理性が担保されているとする考えも可能である（反証可能性）[118]。

　掲げた命題について、反証可能性を許容し、かつ議論をつうじて論拠を挙げて、その反証を論駁することができる関係が科学の営為を保証するという科学論である。こうした場合には、先に見た仮想的なピラミッドをまさに仮想として捨象することができる。

　区別の前提を問う、すなわち区別が真であることの根拠づけを行うことは、さらにその真を問うことになり、無限遡及することになる。あるいは、その前提を討議と合意により根拠づけようと考えても、それが可能となる、いかなる歪みも拘束や強制のない討議によりこれが果たされている必要がある（理想的発話状況）[119]。ただし、これもそうあるべきだと、事実に反して仮想することができることでしかないはずである。

　ピラミッドを仮想する場合も、理想的な討議状況を想定することも、ともに理想的であり続ける。言い換えると、真という値が、既知の区別された真を、未知の「区別されるであろう真」へとつながっていくことで、科学は体系化されていく。それは、反証可能性が保証され、そのために掲げられる非真（真ではない）が産出し続けることで存続していくことでもある。真理は、非真理の産出とともに、その接続可能性が維持されていく[120]。

　発見（発明）という、新しい出来事（物）が見えることは、次のようになっているはずである。

---

[117]：Jürgen Habermas, „Wahrheitstheorien", in: *Philosophische Texte Band 2,* Frankfurt am Main 2009, S.208-269.
[118]：Karl R. Popper, *Logik der Forschung,* siebente, verbesserte und durch sechs Anhänge vermehrte Auflage, Tübingen 1982, S.8 ff..
[119]：Jürgen Habermas, „Vorbereitende Bemerkungen zu einer Theorie der kommunikativen Kompetenz", in: Niklas Luhmann/Jürgen Habermas, *Theorie der Gesellschaft oder Sozialtechnologie -Was leistet die Systemforschung?* Frankfurt am Main 1971, 136-140.
[120]：Niklas Luhmann, *Die Wissenschaft der Gesellschaft,* Frankfurt am Main 1990, S.200.

| 見える | 見えない | 位置 | 地平 |

ただし、

| 位置 | 地平 |

という区別は、これまでにも見てきたとおり、そこに人が現出する。すなわち、「見える」と「見えない」の区別にはその帰属先に人が現出し、その人を、また人が区別することになる。

　真理は、科学を可能にする媒体であり、発見（発明）という新しい出来事の体験を結びつけていく媒体である。しかしながら、その手続き、既存の知は命題化され、それらの習得にも行為が介在する。そして、発見（発明）という出来事は、業績（行為）として顕彰されることになる。

　面白いのは、夥しい非真理が、真理の媒介を支えていくにもかわらず、偽よりも真にヨリ上位の位置があり、科学者は真理の探求者だということにされるところである。しかしながら、これは述べたように、新たな非真理の産出を伴う非真理の潤沢さ、すなわち反証とそれへの返答（反駁）の応酬によって支えられている。つまり科学者や学者は、結果的に真理の追究者として現出してくるものであって、アプリオリに無前提に科学者や学者として存在しているわけではない。つねに反証と反駁に耐えることができることが、科学者や学者に必須の性質だということである。大学や研究所に勤めているから科学者や学者というわけではない。

　学者として尊ばれるゆえに科学財団にサポートされるのではなく、科学財団にサポートされた学者だから尊ばれるとしたら、あるいは巷の貧乏学者よりも有名大学の教授の方が評価されるとしたら、それは、社会体系の他の機能が干渉しているからだと考えて間違えない。科学体系の外側には、すでに見てきた教育、経済、政治、法などの諸体系がある。

　科学者の場合も学者のそれも、科学体系あるいは学問体系そのものが生成し分出していく論理に従えば、これらの諸体系に密接にかかわり、それぞれ

の体系そのものの精緻化が進行することで、それらの帰属点に、こうした人たちが析出するはずのものなのだが、社会の他の体系において現出する人たちが、この帰属点に先回りをしているのである。名声や名誉は人を動かす力となり、貨幣と権力との関係も、科学が工場化し組織化する現在においては、完全に絶つことがきわめて難しくなってしまったのである。

6. 媒体「愛」と世界

　直接世界的関係のひとつである親密圏を創り出すのは媒体「愛」である。右図のようなイメージをひとつの例として考えることができる。
　知覚体験の媒介は、媒体「身体」により行われる。親密性を実現し体験させる典型的な場合は、イメージのような身体接触をその極限例として考えることができるかもしれない。ただし、二人互いの知覚感覚についての想いが、この接触をつうじて相互に伝導し合っているかどうかはわからない。伝導するとしたら、一方の愛の体験を、相手に、愛として行為表現することが必要となろう。その行為表現を相手は出来事として体験するのである。そしてこの相手がする体験を自分が確認（体験）するということで伝達関係は成り立たねばならない。しかしながら、この体験→行為→体験という関係は厄介である。
　ここに特徴が二つある。ひとつは、「愛する」という方向性が、媒体「言語」を媒介する関係を類比させることである[121]。今ひとつは、自らの愛の思い（体験）を表現（行為）し、その表現（行為）を相手が感じ（体験験）、その体験を、自らが確証（体験）するという、体験と行為の非相称の連鎖の関係になっているということである。そしてとりわけその非相称性ゆえに、愛に陥ってしまうと恋い焦がれることにもなるのである[122]。
　相手が感じていることを明瞭にそのまま確認することは難しい。そして自

分が思うように相手に感じさせることも至難の技である。ゆえに愛は、強い方向性とともに言葉で表現できそうなのであるが、壊れやすく不安定である。そのために、この不安定さが、何かにより支えられる場合がある。

例えば、性的で身体的な快感による確認や、喜んでもらえると思いつつ贈り物をするということになる。しかしながら性的快感も贈り物も、それらがただちに愛だということではない。こうした体験を行為で代替することは再び不安定さを招く原因ともなる。

したがって、婚姻と、それによる姻族と血族とからなる親族関係が確認され、それによる比較的小さな集団を「家族」とする文化、さらにそれを法により補強する制度が存在する。

ただし、こうした文化的制度的関係の設定は、時とともに変化し続けるものである。性的快感も多種多様で比較不能であろうし、家族という集団の規模は文化と時代により多種多様であった。愛が、つねに一対一の人間関係でしか成り立たないわけでも実はない。

体験と行為との非相称的関係が意味するのは、世界を知覚する仕方の変更ということである。性愛を典型にすると、その愛の基盤は身体性、あるいは身体接触にあり、直接世界の関係として親密性がその典型的場合とされることもあろう。匿名度の上昇は、先述のとおりこの直接世界的関係から同時世界的関係へと人と人の関係が広がり、それにつれて親密度が希薄になっていくということであった[123]。そうではあるが、愛は、そうした同時世界的な

121：Niklas Luhmann, *Liebe als Passion –Zur Codierung von Intimität*, Frankfurt am Main 1982, S.29. もこのことを指摘しているのだが、それよりもムジールの「愛をめぐる会話」である。「人間、厳密に言えば話す動物は、生殖のためにも対話を必要とする唯一の動物である。そもそも喋るのが本性だから、いとなみの際にもそうするというばかりではない、どうやら人間の愛への欲求は、談話と本質的に結びついているらしく、しかもそれがきわめて深い神秘にみちたやり方なので、神と人間と事物は〈ロゴス〉から生まれたという哲学を樹立し、そのロゴスを、時に応じて精霊とも理性とも、また談話とも解釈した古代人のことが思い出されるほどである」新潮社版邦訳第5巻103-4頁〔Robert Musil, *Der Mann ohne Eingenschaften*, Band 2, S. 1219.〕.
122：情報の流れは、愛される者の体験が、愛する者の行為に接続するようにならねばならないが、それを確証することは難しい。
123：第4章第2節(48頁以下)参照。

広がりへも拡張することが可能なことがある。

「汝自身を愛するごとく汝の隣人を愛せよ」という一切を無差別に結びつける愛という水準まで広げることができる。無論、これは神の命であり、神の愛だとすれば、人を超えているということにもなるが、ザンクト・クラウスとして聖人に列せられ、また鬼子母神として崇められることになる人の行い（行為）もある。

「人は憎むことを学ぶのだ。もし憎むことを学べるなら、愛することも学べる。愛は憎しみより、自然に人の心に届くはずだ」[124]。憎悪が戦争を生むのだとすれば、愛が世界を救うこともできるだろうという言明である。

事の出来が世界を作る。行為は、出来事の帰属点を人に求めた。体験は、その出来を世界そのものに帰属するものとした。ゆえに、行為が世界そのものを変更することは難しい。その行為が、神の行いとでもならねばならないからである。

世界そのものを丸ごと体験することはできない。世界は、体験の地平に現れ出るとしか言うことができない。地平線上に見えるとしても、それは、そこまで行ってもまた次の地平線が見えるという関係になっている。世界と、行為の帰属点との関係はそういう関係であった。

「右の頬を打つなら、左の頬をも向けなさい」（マタイの福音書第5章38-39節、ルカの福音書6章29節）というイエスの言葉に従い、それと同じようにこれを行うことができる人は、その行為により、打つ者の世界知覚の仕方を変更することになるはずである。

この関係は、行為が行為をさせるという権力（暴力）の関係とは違っている。行為が、体験を引き起こすという関係であり、非相称の関係になっている。その結果は行為として現れ、それを自らは体験として覚知することになり、やはり非相称の関係が連鎖していく。

非相称な構造をした愛は、それが愛のままで存立せねばならないというと

124：ネルソン・マンデラ（東江一紀 訳）『自由への長い道：ネルソン・マンデラ自伝』（日本放送出版協会 1996年）下巻 448 頁。

ころに難しさがある。制度、法によりこの関係を支持あるいは代替することが、ある場合に可能であろうし、芸術による美、宗教による秘儀による支持や代替も、ある場合に可能であるが、そもそも愛は壊れやすいのである。

7. 諸媒体の複合と媒体「都市」

　都市 (city, Stadt) が、自然集落と区別されるのは、それの物理的側面と、そこでの、例えば道徳秩序とも表現される、生活的側面についての制御と設計[125]を脱構築的に行うところにある[126]。都市の生成と設計は、根源的には雨露を凌ぐ住処という身体の周囲 (Umwelt) を道具的に変化させ、その生活空間を形成するという、物理的側面と生活的側面とが連接しているところにそもそもの特質がある。

　このことは、都市とは区別される人口密度、住居密度が低い村落の場合にも同様である。ただし自然集落とは異なり、すでに村落としての存立は、それのシンボル性が何かに要請されている。すなわち、たんに雨露を凌ぐということではないということである。それゆえに現代の都市建設においても、ランドマークというシンボル性の要請が重要視されるのである[127]。日本に多くあった塊村とは異なり、ヨーロッパの円村は、シンボル性を強く帯びる寺院を中心に、そもそも設計されることが前提になっていたと解釈することさえできる。

　「大聖堂に光が差し込むと、柱と丸天井で演じられるように形式が生まれる。これを可能にするのは世界の物理的構造だが、媒体と形式の区別は知覚

125： Robert E. Park/Ernest W. Burgess, *The City −Suggestions for the Investigation of Human Behavior in the Urban Environment,* The University of Chicago Press 1925, p.4 f.
126： たんに客観主義的で第三者的に行う反省 (reflection) が、何かについてその何かの否定として認識するのとは異なり、その否定を何かの構成の諸条件として採り入れているという意味での脱構築。反省の排除性に対して、脱構築の内包性を特質と考えることができる (Dirk Baecker, „Die Dekonstruktion der Schachtel −Innen und Außen in der Architektur", in: Niklas Luhmann, Frederick D. Bunsen, Dirk Baecker, *Unbeobachtbare Welt −Über Kunst und Architektur,* Bielefeld 1990, S.88.)。
127： Kevin Lynch, *The Image of the City,* MIT 1960.〔丹下健三・富田玲子訳『都市のイメージ』（岩波書店　2007 年）98 頁以下〕。

する有機体固有の働きである」[128]。

このルーマンの記述からも、建築には、物理的側面と生活的側面とがあることが読み取れる。媒体「光」が、建築物により形式を与えられ、かつその媒体と形式のまとまりが、大聖堂とその内外の秩序性をひとつの体系として表現するのである。

建築という営為（行為）が、空間に物理的構築物を設け、すなわち設計し制作し、それによりそのものとしては捉えどころのない媒体「光」に形式を与え、言い換えれば一定の形で屈折をさせて光と影としてそれが可視化され、人々に知覚させ、美醜を区別させ、さらに威厳、威光、伝統として人々に雰囲気を伝播し、それでもって社会秩序をも編成するということである。

| 形式 | 媒体 |

捉えようのない媒体「光」が、建築という所作で設けられた物体の構成をつうじて可視化されるということは、建築家が切れ目のない光線を遮り、屈折させ、あるいは反射させて、区別するということにある。

これは、すでに述べた媒体「貨幣」の場合にも同じである。長く、貨幣は金属硬貨と紙幣であったが、そもそも硬貨も打刻、鋳造など種類があり、紙幣も兌換、不換の種類がある。元を辿れば貝殻、石、穀物、煙草など物品が貨幣であることもあり、現在は磁気や電子による表示と記録でさえある。貨幣は行為と体験を結ぶ媒体ではあるが、固定した素材などない、その基体は捉えどころのないものである。金属、紙、電子などをつうじて一般的交換性能を持つことが可視化されることで貨幣として機能するのであって、媒体の媒体性という点では、媒体「光」と同様である[129]。これは、これまで述べたすべての媒体についても言えることである[130]。

---

[128]： Niklas Luhmann, *Die Gesellschaft der Gesellschaft*, Frankfurt am Main 1997, S.197.
[129]： こうした形式と媒体との関係を明確にした決定的な業績は、Fritz Heider, „Ding und Medium", in: *Philosophische Zeitschrift für Forschung und Aussprache*, Jg.1, Heft 2, Berlin 1926, 109-157. である。再版は、Fritz Heider, *Ding und Medium* (Hersg. Dirk Baecker), Berlin 2005. 英訳は、Fritz Heider, "Thing and Medium", in: *Psychological Issues*, Vol.1(3), New York 1959, pp.1-34.

可視化された状態とは、次のように媒体と形式の区別を閉鎖して一般表現されるであろう[131]。

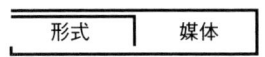

| 形式 | 媒体 |

こうした区別の閉鎖が、体系を可能にする。大聖堂の完成は、媒体「光」と形式の関係が閉じて、そこに体系が成ったということであり、貨幣が経済体系を分立させるのも同じ仕組みのはずである。大聖堂だけが完成したというのではなく、それとその周囲の空間とそこでの生活の体系が新たに分出したということである。

さて、柱や丸天井という物質の組み立てによって、光という媒体が一定の形として捉えられるという点に建築がさらなる媒体であり、すでに触れた芸術とも工学的技術とも関係していることがわかる。こうした建築という区別の連関が生む行為体系は、大聖堂の場合などには、光のみならず、鐘の音とともに、この集落がサウンドスケープとしても体系内に内包されることでもあり、音もまた建築設計と密接に関わっているのである。この場合には、この建築という営為は、二つの媒体、すなわち媒体「光」と媒体「音」にそれぞれの形式を与えて、複合的に体系を編成しているということである。

建物、構造物の設計者は、建築にあるパタン[132]、すなわちランドスケープ＝出来事＋空間のみならず、サウンドスケープ＝出来事＋時間も考慮していくということであるが、こうした設計と建設は、すでに論じてきた基礎媒体を前提にしているのみならず、続いて論じた社会分化の諸媒体それぞれとも関連し、きわめて複合的な体系が生み出されるということでもある。空間

130：権力の場合、その形式、すなわち人が人を統御することを可能にする潜勢力が何かは多様である。暴力を振るいたがる人間である。体が大きい。顔が怖い。すぐに怒鳴るなど多種ある。法の場合も、権利と義務の互酬性が形式であって、これらの隔たりを架橋する法も、成文化されているか否か。自然法的か実定法的かなど種類がある。
131：ベッカーは、少し違った独特の表現をしている。Dirk Baecker, *Wozu Systeme?* Berlin 2002, S.115 f. を参照。ただし、私は、そこでの表記は、本質的に区別の閉鎖ということだと考えている。
132：Christopher Alexander, *The Timeless Way of Building*, Oxford University Press 1979, p.71.

と時間を、諸媒体により編成していくということになる。

　さて、「都市とは、その住民の圧倒的大部分が、農業的ではなく工業的または商業的な営利からの収入によって生活しているような定住である」[133]と言う。第一次産業人口が減少し、第二次産業人口および第三次産業人口が多数となり、かつ人口増加とともに人口密度が上昇することが、20世紀、都市の特徴とされてきた。

　したがって、そこにおいて定住者は自然採取による自給自足というのではなく、恒常的に財貨を交換し、営利と需要を充足することで生活をすることになり、そのための市場の存在が、本質的な要素となる。この点で、都市は、経済を含む社会体系のひとつだということでもある[134]。すでに見てきたとおりであるが、経済だけを単体で体系維持させることは難しく、市場もしばしば力により整備されるものであり、そのための法も整備されることを知れば、都市を主題にすることで、多種の媒体の連関を考えないわけにはいかない。

　ただし重要なことは、社会体系のひとつであると同時に、都市は、媒体としても機能しているということである。社会体系を構成していく諸媒体の連関を、指し示しの算法により表記しようとすると、それは煩雑を極めることになってしまうが、面白いことに、都市についてその人間の生活的側面について描くなら、その形式は単純明快である。

　ウェーバーによる先の都市の定義には、今ひとつ次のような本質的な性質への言及がある。すなわち「それ（都市）には、それ（都市）以外の隣人との間の結びつきに特徴的である、人的な住民相互の知り合い関係が欠けている」[135]という特質である。この特質が、媒体「都市」の形式であろう。

　こうしたウェーバーの指摘を、ベッカーは次のように表記する[136]。

133： Max Weber, *Wirtschaft und Gesellschaft -Grundriss der verstehenden Soziologie*, Tübingen 1976, S.727.〔世良晃志郎訳『経済と社会　第2部第9章第8節　都市の類型学』（創文社　1964年）4頁〕。

134： ジンメルは、『大都市と精神生活』において、貨幣を介して人間と物の関係そして生活が、時間厳守、計算可能性、正確性を強制されることを主題にした（Georg Simmel, *Die Großstädte und das Geistesleben*, Frankfurt 2006, S.17.）。

135： 前掲同頁。

136： Dirk Baecker, „Miteinander leben, ohne sich zu kennen –Die Ökologie der Stadt" in: *Soziale Systeme –Zeitschrift für Soziologische Theorie*, Jg. 10(2004), Heft 2, 262.

| 知人 | 知らぬ人 | 位置 | 地平 |

　知らない人を結びつけ合うように、知らない人を都市が吸収するのは、工業と商業という物質的再生産のプロセスにかかわらずには、人間が生きていくことができなくなっていったからである。都市の成長は、工業化、あるいは商業化の進展であり、それによる見知らぬ人の都市への集中と吸収ということである。東京に人が集中するということはそういうことである。他の人とは区別される「友達」が、現在、ソーシャル・ネットワーキング・サービス（SNS）をつうじてサイバー空間上に広がり、親密圏も仮想空間化するとしても、やはりそこでの親密性は、それとして限定されてある。そこにおいても、「親しい友達」を区別せねばならなくなる。そういう人的な結びつきを欠いた結びつきがあり続ける。

　見知らぬ人が互いに居住していかなければならないゆえに、コミュニティの形成ということがイデオロギーとして考案され設計される。都市の為政者が、見知らぬ人の都市に出てきた人たちのそれぞれに、「マイタウン」と思わせるのも、そうしたプランのひとつであり、大規模な集合住宅にコミュニケーション空間が設けられるのもそうした発想ゆえであるし、SNSが機能するのも、それゆえである。先に見たとおり、愛、とりわけ性愛で区別される親密圏は、壊れやすいのである。

　ウェーバーは、上述のように都市の形式をよく表現していたが、コミュニティの問題ということで言えば、そのドイツ語であるゲマインシャフト（共同体）と、それに対するゲゼルシャフト（社会；society）の関係について、彼以降の次の時代変化を踏まえては考えていなかったように読める[137]。

　というのも、コミュニティの設計を考案するとしても、ゲゼルシャフト化

---

[137]：ここでは、社会学史的なことは論じないが、ウェーバーの視点は、テンニース『ゲマインシャフトとゲゼルシャフト』（岩波文庫　1957年）〔Ferdinand Tönnies, *Gemeinschaft und Gesellschaft –Grundbegriffe der reinen Soziologie* (8.Auflage), Darmstadt 1935.〕の区別の水準にとどまり、人の結合をゲマインシャフト結合とゲゼルシャフト結合として繰り返したところでとどまっている。

してしまった状態では、ゲマインシャフトには運命的な限界があるからである。愛が移ろいやすく、また直接世界を同時世界に拡張することや、同時世界を直接世界に圧縮することは難しいということである。

知らない人と互いに関係し合わなければならない状態は、鮨詰め状態の満員電車で知らない人と体を接しながら通勤している時のみならず、毎日の仕事場においてもそこが大きな産業施設になればなるだけ、建築的にはどのように化粧をされていても、都市住民においては通常のことである。

これらは、ユークリッド空間における距離という点では疑似直接世界のようではあるが、社会的世界という時空という点では自ら立つ位置には、遠くどこまでも地平が広がるだけであり、地平線に向かって進んでもさらに地平が広がっているだけの同時性が茫漠と広がっている世界でしかないはずである。この広漠とした都市生活の現代、ある種の豊潤さとは裏腹にある寂寞は、都市住民の見栄と孤独である。ゆえに「愛と血に基づいた結びつきが終わるところから、公共性(Öffentlichkeit)なるものが始まる」[138]ということになる。

こうした現象は、1930年代にすでに観察され主題にされていた[139]。見栄と孤独に始まる匿名世界における意思疎通という問題である。

「一方で誰からも注目されていると感じる、その男。疑わしい人そのもの。他方でまったく目立たぬ、隠れた人。〈群衆のかの男〉がやっているのはまさにこの弁証法なのだろう(遊歩の弁証法)」[140]。

20世紀、その後の通信工学の発展のおかげで、出版物のみならず、映画、テレビ、インターネットをつうじて、現代人は、都市の風景(シティスケープ)をよく見知ることになった。かつて19世紀には、家々を訪れて見せ廻った

---

[138]: このプレスナーの定義は重要である。Helmuth Plessner, *Grenzen der Gemeinschaft –Eine Kritik der sozialen Radikalism (1924), in: Gesammelte Schriften V. Macht und menschliche Natur*, Frankfurt am Main 1981, S.55. ハーバマスは、このプレスナーの消極的で限界的定義を前提に、プレスナーの次の時代、戦後ドイツの社会国家の状態を「公共性」という概念を積極的建設的なそれとして描出していこうとした。その前提は、国家が、社会、すなわち個々人の市民生活(私生活)を準備するようになったということである。

[139]: 興味深いのは、ウェーバーと異なりテンニース自身は、この問題を明瞭に社会学として主題化していたことである。Ferdinand Tönnies, *Kritik der öffentlichen Meinung*, Berlin 1922.

[140]: Walter Benjamin, *Das Passagen -Werk*, Frankfurt am Main 1982, S.529.〔今村仁司・三島憲一他訳『パサージュ論III 都市の遊歩者』(岩波書店 1994年) 77頁〕。

行商本に収められた挿絵 (Kolportage) として、あるいはその後には写真師による写真として、パリやウィーンの都市風景、あるいは会戦もしくは海戦の一コマやそれらの結果を、描かれたものとして見知ったわけだが、今やそれをテレビに始まりスマートフォンを経た You-Tube 映像として見知っている。そうした挿絵的な視線が、遊歩者の基本であるとベンヤミンは、1930 年代のパリについて説いたが、今、東京においても「遊歩の際に、空間的にも時間的にも遙か遠くのものが、いかに今の風景と瞬間の中に侵入してくるかは、知られているとおりである」[141]。

そうした時空においては、コミュニティなるものだとして何かを設計しても、それは「コミュニティ」と称するだけで、もはやゲマインシャフトや共同体などではない。住む人誰もが、互いの顔のみならずすべてを知り、一緒に生きる村落共同体という意味でのゲマインシャフトではまったくない。

「マイタウン」と呼んでも、地縁や血縁のゲマインシャフトなどはどこにもありえないし、それを説く御用学者は増えるが、それを再生することなどない。にもかかわらず、そしてそれゆえに、生活構造、パークの言い方では道徳秩序の設計が不可欠だとされるのである。SNS の頼りすぎは問題であると、SNS で説く道徳家もたくさんいる。

20 世紀後半までに日本では、生産人口に占める第一次産業従事者の割合が多い時代においては生産単位であった家族が、第二次および第三次産業従事者たちからなる消費単位となり、そこの成人成員は、生産のためには通勤し仕事場に行き、家庭という親密圏は、その給与による消費の場ということになっていった。

消費の余裕、すなわち所得の多寡、またそれを可能にする職業、教育が、この茫漠として広がる地平に対して頼れるかも知れぬ位置を与えてくれる。言い換えれば、見栄、これが唯一残された位置の指標なのである。

その点で、都市での生活、とりわけ子育ては、その子の将来の教育と職業、すなわち学歴と就職への関心に向かざるをえなくなる。区別される、いや格

---

[141]：Benjamin (1982), S.528. (邦訳 76 頁)。

別される履歴、キャリアが重要となるのである。そしてこれらさえも産業化されていく。予備校、塾などの学校外教育のみならず、21世紀日本は、職業取得のための内定支援塾などさえ商売になる時代である。公務員になるためには、そのための受験予備校に、大学とは別に親が大枚払ってダブルスクールせねばならない時代である。

　それゆえに、子を持つことのリスク、多大な教育費、受験の成否などを回避して、20世紀の産業社会とそれへの社会国家的対応が確立させた世帯給を、個人給として生活することを選択する方が、一群の都市生活者にとってはより美味しい選択ともなっていった。結果、世帯人数は極限まで小さくなり、「個人家族」なるパラドクシカルな言葉さえ可能となった。

　茫漠と広がる地平は、多種多様な商品投下にもかかわらず、果てしなく広がり続け、都市住民の互いに知らない、本当の顔が見えないという状態はさらに徹底していく[142]。それゆえに、都市経営者、都市設計者なる人たちや御用学者は、やはり自らの威信維持のためにも、都市のシンボルとなるものに執心せざるをえない。競技場、歌劇場などの建設、リニューアル、オリンピック、万国博覧会の誘致、再誘致は、威光(Nimbus)として、これらの人たちには、なくてはならないものなのとなっていく。これらには、実は本当の顔などなく、リアルではあるが、それは人々がそこにおいて決めるというトマスの公理がそのままあてはまる[143]。

　都市民は、これに遊歩の弁証法でかかわり続けることになる。すなわち、都市生活者とは、パリコミューンを歴史教科書としては知っているかもしれないが、この人たちがそのように振る舞うことはまずない、どこまでも遊歩人ということであり、その人たちの時空を、建築家は設計し、都市経営者はそれを売買し、評論家は解説していくのである。

---

[142]: Plessner (1981), S.58 ff. プレスナーは、この『ゲマインシャフトの限界』という書において、第一次世界大戦後の混乱するドイツにおいて、一方で共産主義、他方でナチズムへの共同体復活実践に強い批判論を展開した。その時代性はあるが、この書は、とりわけ上の指示頁から「本当の顔をめぐる闘い」について展開されている。そして、威信と儀式でかたどられた社会ができていくことを批判的に描いている。
[143]: 第2章第1節(15頁)参照。

8. 諸媒体の整理表

　最後に、前章で論じた三種類の基礎媒体とそれらの媒体の媒体「芸術」、そして本章で論じた体系分化を可能に六種類の個別媒体とそれらの複合状態でありかつ媒体でもある「都市」について整理しておきたい。

　おそらくは次のようになろう。すなわち、ここで縷々述べてきた社会体系を創出する諸媒体とその諸形式とは、基礎媒体にある身体性と言語性の分節化によりさまざまに区別される。例示した六種以外の媒体をさらに考えていくことができるはずである。

諸形式	諸媒体	身体性	言語性

　このように考えられる諸媒体を、三種類の基礎媒体と合わせて整理すると、さらに次のようになろう。

		形式	媒体	体系
		形式	媒体	体系
基礎媒体		時空と運動の座標軸形成	身体	時空
		出来事の命題化（時空の架橋）	言語	表現
		行為の帰属点	人	組織
		基礎媒体の複合	芸術	技芸
体系分化媒体		レリバンスの循環性	人間	教育
		一般的交換性能・流動性選好	貨幣	経済
		暴力行使の留保	権力	政治
		互酬性の時間的架橋	法	法
		反証と反駁	真理	科学
		行為と体験の持続的非対称性	愛	共生
		見知らぬ知人	都市	都市

7. 社会の形式

　個人は、社会の産物である。人間の生存能力が、身体性と言語性の延長上に、他の人間との関係で生み出した区別である。「私」を誇張し圧縮するのは、それゆえである。そしてこれとは別に「社会」の誇張と圧縮もある。

1. 本当の社会

　「社会とは何か」と問うとき、「社会」という語に対応している「何か」を特定することは難しい。しかしながら、私たちは、社会について、「社会に出る」、「〇〇社会が到来する」などと口にして、わかった気分にもなる。
　そうは言いながら、わかった気持ちになった「社会」について口にしても、「社会」というものの本質についてその普遍性を主張することは難しい。学生が、「社会」勉強と称してアルバイトをしてわかることは、たしかに少なからずあるのだが、その経験をストレートに口にしても、たいていの場合、「そんなものはあまい学生の思いさ、本当の〈社会〉の厳しさを知らないから、そういうことが平気で言えるのだ」と言われてしまうのが、社会である。
　「本当の社会」と言うとき、「社会」はひとつか、いくつもあるのか。「本当ではない社会」というのも社会であるのか、という問いが出てこよう。そもそも「社会」に本当であるや、本当でないなどという区別があるのか。
　海水を蒸発させて得られた白い結晶と、試薬瓶から取り出した塩化ナトリウム（$NaCl$）や塩化マグネシウム（$MgCl_2$）を比べてみるようには、口にしてみた「社会」と比べてみる「社会」を試薬瓶などから取り出してきて、それ

らが同じである、あるいは似ていると言ってみることは難しい。

　むしろ「わかった社会が、社会であるが、わかった社会は、社会ではない」という形式で、社会は捉えられるということである。これは、社会学者だと専門家ぶり、アンケート調査やインタビュー調査と称して「社会」をリサーチしたとしても、まったく同じことで、やはりこの形式に帰着する。すなわち、「A＝A」という同語反復（トートロジー）と、「A≠A」という逆説（パラドクス）とが、対になってひとつの単位となっているということである。

　さて、認識の始まりは、「何かを見止める (attention à la vie)」ところにある。何かに注意を向けるということにある。上の話を続ければ、ある時ある所で、「社会」を見止めるということになろう。さしあたっては「見止める」としたが、「見止める」は「聞き止める」でもよいし、「心に止める」でもよい。

　「社会」は、この語が指示する何かだということだけでは済まない。「社会」は、この語が指し示していると考えられる何かと、それ以外のすべてを含んでいるのである。この指示と非指示の全体を示す表徴として「社会」がある。ゆえに「A＝A」かつ「A≠A」が、ひとまとまりの単位となっている。

　さて、「見止めた社会」、「そんなものはあまい学生の思いさ、本当の社会の厳しさを知らないから、そういうことが言えるのだ」とたしなめられ、区別したその内側、外側を横断しつつ眺めて、悛となり落ち込んだとしたら、いったんは口にして「見止めた」社会を取消したということになる。

　指示と非指示の全体を表す印として「社会」という呼称がある。したがって、いったん「見止めた社会」の内部に何かを見止めたら、最初の「見止めた社会」は取消となる。またその外部に新たに何かを見止めたら、やはり最初のものは取消となる。

　さて、「社会」というものを知っていると思っていたが、「本当の社会」というものを知ったとする。これも先のものを取消すことにほかならない。

　先のものは、その取消後の後のものから見るなら、「本当ではない社会」（あるいは「嘘の社会」）となり、後のものが「本当の社会」となろうが、どちらとも同じく「社会」のはずである。これを支えている論理は、やはり「A＝A」という同語反復（トートロジー）と「A≠A」という逆説（パラドクス）とが、

ひとまとまりになっているという形式である。

こうして「本当の社会」を知ったと思っていたが、あるとき「本当の『本当』の社会」を知ることもある。「『社会』と思った社会」→「本当の社会」→「本当の『本当の社会』」→ … という連鎖は、これらひとつながりが「社会」を示しているはずである。

ただし、われわれが区別を前提にして、「本当の」という値を見止めるゆえに、「本当の『本当の社会』」は、「本当の社会」である。「本当の『本当の〔本当の〕』」は、「本当の」として圧縮され、「本当の」を何度も繰り返すことはない。

そして、こうした圧縮は、これの逆の操作があることも教えてくれる。「本当の」は、「本当の『本当の〔本当の〕』」とも、「本当の『本当の〔本当の〈本当の〉〕』」ともなるということである。

次のように表記することができるだろう。ある社会の形式を「社会」としよう。指し示しの算法に従うと[144]、この社会の観念は、次のような区別として示される。あるわかった「社会」という表象を鉤印で封じ込めたということである。

```
 _____
|社会  ̄|
```

しかしながら、封じ込めると、その瞬間から、実はその外側も問題となる。まさしく鉤印は、その内側と外側があることを教えている。鉤印そのものが、この点では「社会」という全体を記しているのである。この鍵印を越えての横断は、最初の区別の取消ということになろう。

```
 _____ ̄|
|社会  ̄|   =  社会
```

---

[144]: スペンサー＝ブラウンの『形式の諸法則』に従うと、社会は、公理2「取消」と、公理1「圧縮」を前提にしていることになる〔George Spencer-Brown, *Laws of Form*, Ashland/Ohio 1994 (1969), p.5.〕。なお社会学において、この天才スペンサー＝ブラウンをどう受容するかは、そのドイツ語版 (George Spencer-Brown, *Gesetze der Form*, Lübeck 1997.) と、その詳細なドイツ語研究書である Tatjana Schönwälder/Katrin Wille/Thomas Hölscher, *George Spencer Brown – Eine Einführung in die „Laws of Form"*, Wiesbaden 2004. および、Fritz B. Simon, *Unterschiede, die Unterschiede machen –Klinische Epistemologie: Grundlage einer systemischen Psychiatrie und Psychosomatik*, Frankfurt am Main 1993. を参照した。

「社会」とは何かを区別したが、今一度、その区別を区別することである。最初に鉤で囲った区別それ自体を、今一度区別して取り出すことである。横断してその形式を問うということになるが、最初のそもそもの区別の「取消」ということである。「社会」とはそもそも何かという原形式を問うことに他ならない。

こうした「取消」とは違って、「圧縮」のそれを考えることもできる。「社会」として区別されたその「社会」について、繰り返し注意を向ける場合である。横断せず「これこそが社会だ」と繰り返す場合である。
すなわち、次のようになる（圧縮）。

　　社会￣　社会￣　＝　社会￣

こうした関係を圧縮の法則と言う。「社会」ということについての諸体験は、原体験の区別とその取消、そして同じことの繰り返しの確認と、その圧縮により成っている。

したがって、次のようなこともある（圧縮2）。

　　社会￣　社会￣　社会￣　＝　社会￣　社会￣

以上の関係を理解すると、逆の展開を考えてみることができる（誇張）。これは、たいへん面白い。われわれは、社会についていろいろに言ってみることができるということである。

　　社会　＝　社会￣　社会￣

さらに誇張すると、次のようになる（誇張2）。

　　社会　＝　社会￣　社会￣　社会￣

同様に次のようにもなる（誇張3）。

社会 = ⌝社会⌜ ⌝社会⌜ ⌝社会⌜ ⌝社会⌜

　ゆえに、「社会」という観念は、圧縮され、かつ誇張されるのである。これが社会という形式である。「社会」を声高に論じる人（たち）が、いつも騒がしいのは、「社会」が、実はこうした形をしているからである。

　指し示しの算法で用いる鉤印は、鉤の内側と外側の区別だが、気をつけねばならないのは、それがまさしくその区別だけを記していたということである。「本当の社会」という形式は、鉤印により表象としてだけ見えるものであった。横断すると外部から、内部の内容が見えるようであるが、それは実は当初の表象の取消でしかない。

　さて、この鉤印は何をどのように区別して、それをどのように記しているのだろうか。「本当の社会」と表象される「本当の社会」と、そうではない社会のそれとの区別は、どんな区別であろうか。もっと単純化するなら、「本当の」と「そうではない」という区別は、「本当の」区別なのか、そうではないのかという問いが立つ。

　これはよく紹介される、嘘つきパラドクスである。「森　元孝著『理論社会学―社会構築のための媒体と論理』には、本当のことが書いてある」と、私が言ったとしよう。その私は、森　元孝である。

　⌝本当の社会⌜　それ以外

　鉤印は、「本当」と「本当ではない」との区別そのものを見ている観察者の区別を示している。「本当の社会」と「そうではない社会」との区別を行い同時にその両方を観察者は捉えている。このとき、「本当の」と「そうではない」をこの観察者自身に適用することは前提にされていない。この観察者が本当かどうかは不問となっている。

　しかしながら、この点について疑義が示されるなら、「その観察者は、客観的だから」「その観察者は、価値中立的だから」「その観察者は、社会学者だから」「その観察者は、大学教授だから」「その観察者は、専門社会調査士

資格保持者だから」などの理由提示がなされることになる。無論、この種の言説は、物を言わさず権威主義によって沈黙させるか、言い繕いにより無限背進をして泥沼に陥るかのどちらかになる。人間の世界によくある無様な無限背進であり、現在の「社会」では、どちらもよく見ることになる。それが社会ということなのであろう。

「本当の社会」→「『本当の』は本当か」→「客観的調査だから」→「社会調査士だから」→「資格審査に合格したから」→「大学に行ったから」→「勉強したから」…というふうに。

しかしながら、「社会」を対象とする場合、$NaCl$ のや $MgCl_2$ 場合とは異なり、その対象そのものの中に、これを観察し区別する観察者自身も含まれている可能性がある。区別した内側に、観察者、すなわち鉤印そのものを、内側に算入させることになる。このことは、先に触れたとおり、「A = A」という同語反復（トートロジー）と、「A ≠ A」という逆説（パラドクス）とが、ひとまとまりになった形式の延長にあるものである。

これゆえに、「森　元孝著『理論社会学―社会構築のための媒体と論理』には、本当のことが書いてある」というのは、本当のことになる可能性がある。なぜなら、私は、森　元孝であり、社会学者であり、博士号もあり、かの東京で創立125年を超える私立大学の教授でもあり、専門社会調査士という資格まで持っているからである。

そういう馬鹿馬鹿しい関係は、次のように書いてみることができるはずである。

区別と表象1

| 本当の社会 | それ以外 |

記号の閉鎖 [145]

| 本当の社会 | それ以外 |

---

[145]：George Spencer-Brown (1969), p.65.

区別と表象2

| 社会学者 | それ以外 |

記号の閉鎖2

| 社会学者 | それ以外 |

本当の社会の理由づけ(再算入)

| 本当の社会 | それ以外 | 社会学者 | それ以外 |

　まとめてみると、社会とは、すなわち本当の社会とは、それへの注意の圧縮と誇張であり、かつその注意の帰属先の区別、それへの注意の圧縮と誇張だということになる。

　社会学に、敢えてその存立意義を見止めようとしたら、あるいは社会学者に、敢えてその存在意味を見止めようとしたら、この社会をめぐる言葉遊戯をし続けるということになる。

　言葉遊戯は悪いことではない。むしろ厄介なのは、この自由な開閉な圧縮と誇張の関係を、外側から確定しようとする場合である。人やその派生体の意志、国の意志などによる画定である。無論、その場合も「社会」という形式が圧縮され、あるいは誇張されてアウトプットされるということでしかない。

2. 私の社会

　鉤印は、「本当」と「本当ではない」との区別そのものを見る観察者が区別した、その印である。観察者は、「本当の社会」と「そうではない社会」との区別を行い同時にその両側を捉えている。そして、この観察者自身については、つまりその人については「本当」か「そうでない」か、その問いを適用されることについては留保されている。

　社会のみならず、その部分体系である、第6章で論じた教育、経済、政治、法、

科学（学問）など分化した体系も、それぞれ圧縮と誇張として表現されるはずである。

専門家は、それぞれ自らが専門だとする部分体系との関係で、教育家、エコノミスト、政治家、法律家、科学者など専門家として、その部分体系を区別する位置に立つ。「〜である」と区別する命題的態度を取ることが前提である。そしてその命題をもとに、それに対応すると考えられる事象に批判的にも態度を取得することができ、さらにはこれを統御してみようとする。これは圧縮と誇張である。

こうした態度取得の自己了解が、「専門家」である条件である。専門家は、自らの関わる領域を除く、社会の複雑な部分体系と、さらにそれを構成する諸媒体の複雑さのほとんどについては括弧に括り、言い換えれば自らに関わる反駁には反駁として批判には批判として「真摯に」受け止めて、自らの見方から掲げることのできる命題を維持し続けていると自己了解できる人ということになる。

その存在の頑なさを保持するためには、立脚点を区別され位置づけられても、まだなお区別できる複雑さを包容している必要がある。厚顔である。権威がある。器用である。腕力がある。学歴がある。顔が怖い。論理明晰である。頭が固い。偏差値が高い。スポーツ万能である。数学が得意。歴史マニア。美貌である。潔癖である。不潔である等々によって、この頑なさがカヴァーされる[146]。

これらは、基本的にすでに述べた諸々の媒体との関係でありうるものである。

専門人とは異なり、凡人は「凡人の凡人たるゆえんにより」いろいろな媒体に関わることはできるが、特定の領域にのみ限定特化することができないのだ。偏差値が並程度である。不器用である。美貌でないなど、これはどれも状況依存的なものでしかないが、身体、言語、人（となり）、そして金、力、履歴など諸々の媒体に関係することになるが、それ以上のことはない。

専門人と凡人の差異は、自己了解の仕方が異なるということであろう。「厚かましい」「大志がある」などと、いろいろに言えるが、区別をする観察者

---

[146]：まさしくプレスナーが捉えた威光(Nimbus)ということである〔第6章第7節(118頁)参照〕。

の視点を、それとしてどこまで維持できるかによることになる。専門家は、社会の部分体系の個別な何かについて観察し記述し命題化する。これに対して、凡人は、日々生活している自らの観察図式や解釈図式そのものについて観察し解釈し命題化する[147]。

しかしながら専門家のように、本当は怪しいのだが、観察し区別する外在的な位置を強く、例えば職業、名誉、権威として確保するわけではないので、凡人が立つ位置には、つねにさらなる地平線の広がりが繰り返されることになる。果てしなき日常が広がっている。おそらく次のような形式になっている。

| 位置 | 地平 | 位置 | 地平 |

自らの立つ今ここを、自らの立つ今ここで観察しようということである。これは閉じた形式であるが、不安定である。というのも、自らをそういう人として観察する、すなわちそう行為する帰属点に、そういう人として自らが現れる形式になっているからである。日々が見えるだけだが、日々が見えないということでもある。専門家が、日々を得意げに説明し解釈するのとは大きく違っている。

専門家である職業哲学者の場合には、こうした難問についても、「私」などという言葉よりも、「自我(ego)」と言い換えて、その存立を見極めるために超越論的現象学による超越論的還元という手法、すなわち超越論的現象学的エポケーを行い、自然的態度（当たり前に見る見方）から、根本世界へと遡っていくことができる。専門家の重要な点は、専門という排他的な領域内に籠もりきることができるということでもある（超越論的現象学的エポケー）[148]。

凡人も、この位置と地平の循環を安定化させるためには、日常生活アドバイザーとして専門自立するか、生活学などの学問の専門家となるのがひとつ

---

[147]: シュッツから引用すると「私は、自らの行為を、私が経験する他の諸々の出来事それぞれと同じふうに経験するのである。つまり、私は、自分自身の行いを解釈する観察者にすぎない。自らの行為の投企でなす諸々の期待についての知も、達成された行為結果によるそれの充実についての知も、自らの解釈図式の一要素となってしまう程度の差でしか解釈しない観察者にすぎない」〔Schütz (2003a), S.268.〕。

の方法であるが、凡人のまま自分のままでいることもひとつの選択である〔自然的態度（当たり前のままでいる）のエポケー〕〕148。

ただし、こうした自然的態度にはまり込んで生きるという場合にも、先の形式が示す不安定を吸収させることが必要となる。

最も端的な例は、等間隔的時間意識と身体の道具的拡張を基礎にした世界に生きることである。すなわち、自らにだけ遡及可能な時間感覚と、外的に把握可能な、あるいは到達可能な身体運動空間の感覚に拠って構成される世界である。たぶんこれが、人間生活の基底のはずである。

しかしながら、こうした時間と、太陽と地球の関係で決まる年月日時分秒で計ることができる客観化された時間に由来する時計とカレンダーとの妥協で、日々の生活状況が生み出されている。

これらの空間と時間の広がりとは別に、社会的世界の類別として見たように150、他者（たち）とともにいる関係がある。そこでは視線は相補的に関係し合っている。私が相手を見ているのと同様に、相手は私を見ている。同じように見ているとしても、私のそれと相手のそれとは違う、すなわち同じだが違うという関係に支えられている。

自己と他者の関係は、直接に対面する関係にとどまらない。同時世界における同時代人との関係、すなわち直接対面の関係よりも、匿名度が高くなった関係も含んでいるし、さらにここに時間軸を組み入れて、先輩、後輩の関係という諸世代の区別を含む人と人との関係も含んでいる151。

これらの関係に現れる人たち、すなわち同時代人、同僚、先輩、後輩、さらには物故者、祖先、子孫ら、これらの人たちの視線を、今、ここで直接対

148： Edmud Husserl, *Ideen zu einer reinen Phänomenologie und phänomenologischen Philosophie, Erstes Buch: Allgemeine Einführung in die reine Phänomenologie,* Hamburg 2009, §32.〔渡辺二郎訳『イデーン I-I』（みすず書房　1979 年）第 32 節〕。
149： Schütz (2003a), S.203 ff. ; Schutz(1962), p.226 ff.(邦訳 34 頁)。「自然的態度のエポケー」、すなわち「当たり前にやっていく」ということでの自己了解は、ここで展開されているが、シュッツは処女作『社会的世界の意味構成』においても、フッサールの現象学と、自らの立場の違いは繰り返し明確にしている。森　元孝『アルフレート・シュッツのウィーン―社会科学の自由主義的転換の構想とその時代』（新評論　1995 年）第 8 章参照。
150： Schütz (2004a) 第 4 章参照。　さらに本書第 4 章第 2 節 (46 頁以下) 参照。
151： 第 4 章第 2 節 (49 頁) 参照。

面している関係の類比として、それらを疑似同時的に捉えることができる。

　毎朝ある時間に目が覚め、起きて、顔を洗い、パンを食べて、ネクタイを締め、満員電車に揺られて会社に行く。忙しいと思い、疲れたと思い、満員電車に揺られて家に帰ってきて、ふと一日を振り返り、故郷の父母を思い、さらには故人を思い出し床に着く、いつもの繰り返し、そしてそれを思い返す繰り返しがある。明日もまた、さらには明後日も明々後日も、弥の明後日には、本当はそうではないかもしれないにもかかわらず、これからもずっとそう繰り返されていくと自明視していく世界のことである。そうした超越性を帯びた世界がある。

　次のように描くことができるはずである。

| 今日 | 昨日 |

| 今日 | 明日 |

したがって、

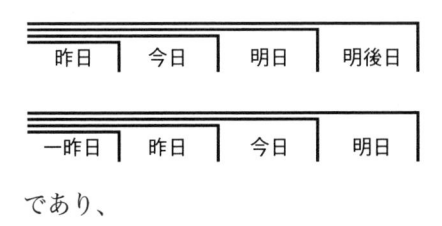

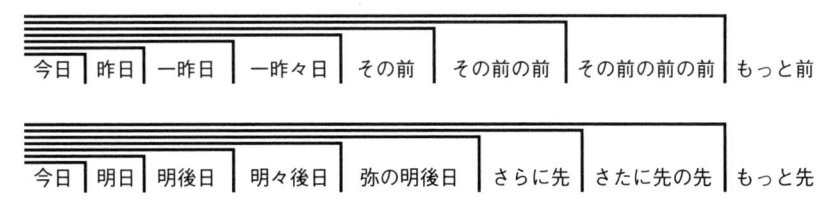

| 昨日 | 今日 | 明日 | 明後日 |

| 一昨日 | 昨日 | 今日 | 明日 |

であり、

| 今日 | 昨日 | 一昨日 | 一昨々日 | その前 | その前の前 | その前の前の前 | もっと前 |

| 今日 | 明日 | 明後日 | 明々後日 | 弥の明後日 | さらに先 | さたに先の先 | もっと先 |

ということになり、原理的には、…で示すように前にも後にも終わりなく、次のように連鎖していく。

| … 前 | 後 | 前 | 後 … |

これは、前・後という値を取る、終わりなき振動を示している。結果として前と後という軸上の位置関係の区別を示そうとしながら、空間そのものの無限性と没時間性を示していることになる[152]。まさしく超越性の形式である。

身体性の時空水準、社会的世界の分節化した時空水準、そして次節で触れるが想像の世界の時空という、大きく分けると類型的には三水準を挙げることができそうだが、これらの超越性の基軸とされるものは、そこの中心にいて、観察し、かつ観察される「私」ということになる。「専門人」にとっての専門とは異なり、「凡人」であっても、この「私」という自己主張と自己保存が、これらの超越性に依拠してあり続けることになる。そうした「私」の自己確証が可能か、その形式は明確である。

すなわち、圧縮と誇張ということになろう。

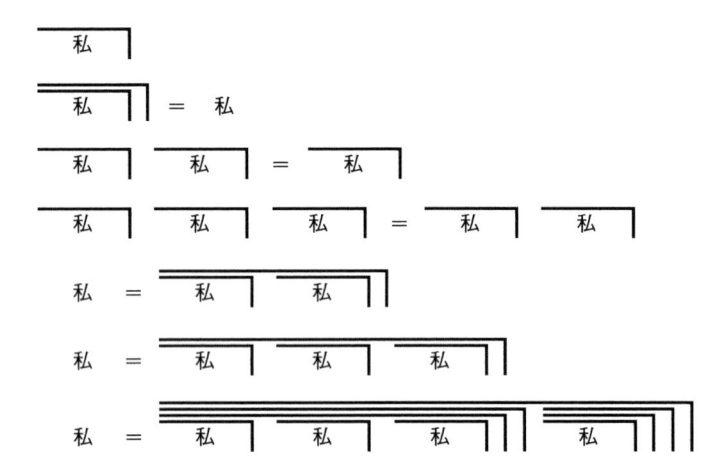

```
   私
  ─────
   私        = 私
  ─────
   私    私   =   私
  ───── ─────
   私    私    私  =   私    私
  ───── ───── ─────
   私  =   私    私
       ───── ─────
   私  =   私    私    私
       ───── ───── ─────
   私  =   私    私    私    私
       ───── ───── ───── ─────
```

3. 社会の社会

社会と私（自己・個人）は、同型である。ただし、それらが鏡像のように向き合い反映し合っているというわけではない。

社会は、いずこからか区別した像である。それはさらに区別していくと、

---

[152]：Lau (2008), S.93.

第5章、第6章で述べた類いの区別の集積となる。そして、そうした諸々の区別をする「私」は、この本での私であり、諸々の区別は専門家的でもある。

そしてその「私」自身が、誇張と圧縮という形式で成っている。さてこのとき、「私」は、ひとりだろうか、他にもたくさんいるのだろうか。

煩雑にならないために、前節では、身体性の時空水準と社会的世界の分節化した時空水準に関して、そこでの区別をする人の自明性、言い換えればそれ以上その自明性を疑わない超越性について説明したが、リアリティの析出は、これらにとどまらない[153]。

身体性を軸にした時間と空間で得られる自明性は、私秘的な自明性と超越性の世界にはまり込んでいく。たしかに、そうした時空においては、地平線の広がりが繰り返されるにすぎない。果てしなき日常が広がっていくが、凡人の立つ位置を安定化させるかもしれない。

社会的世界の分節化した時空は、20世紀前半、こうした理論が考案された現代社会の原型をよく示している。私とあなた（たち）〔自己と他者（たち）〕の相互作用、それを親密性と匿名性の軸で、直接世界と同時世界に分節化し、さらにこれら以前の先行世界と、これら以後の後続世界を類型化して、そこに人を配置した社会イメージを捉えるという構想であった。

その点で、この社会は、社会の中の社会ということになろう。なぜかと言えば、「私」は、この世界で、他の私と言語を介して「社会」を区別して見せるからである。社会について論議が可能だとしたら、この親密性と匿名性、そして同時性と疑似同時性（先行性と後続性）に生きる人の関係を前提とせねばならないからである。民主政が可能となるのも、この水準での言語を介した相互作用を前提できるからであろう。しかしながら、これは複数ある超越性、自明性のひとつにすぎない。

153：そのままなぞってはいないが、この超越性 (Transzendenzen) は、Alfred Schütz, „Symbol, Wirklichkeit und Gesellschaft", in: *Alfred Schütz, Werkausgabe Band V.2, Theorie der Lebenswelt 2 -Die kommunikatve Ordnung der Lebenswelt* (hrsg. Herbert Knoblauch, Ronald Kurt, Hans-Georg Soeffner), Konstanz 2003, S.167 ff.; Alfred Schutz, "Symbol, Reality and Society", in: in: Maurice Natanson, *Alfred Schutz Collected Papers I –The Problem of Social Reality,* Dordrecht 1962, p.329 ff.〔「シンボル・現実・社会」渡部光・那須壽・西原和久訳『アルフレッド・シュッツ著作集　第2巻　社会的現実の問題 [II]』（マルジュ社　1985年）所収〕。

これら二つの水準に対して、想像や夢による諸世界もある。私たちは、夢を見るし、また思いに耽り妄想することもある。そこにおいても体験や行為が繰り返される。私たちはこれらの発生をも自明としており、体験として捉えられる夢の中で、それが夢の中であるにもかかわらず、行為をすることもある。あるいは思いに耽る行為の中で私たちはひとり体験をすることもある。ここにおいても、この世界の中ではその自明性は超越的にある。夢の中では、私は空も飛ぶ。

　こうした多元的現実論[154]においては、想像、幻想、科学などの時空は、限定された意味領域であり、それぞれ閉じたそれであったが、とりわけ通信技術、映像技術の進化により、想像と幻想の時空も、科学によりヴァーチャル・リアリティの世界としても現出している。1950年代には母親が子どもに絵本を読んで聞かせていた。2006年には子どもは家の中でWiiリモコンを振り回して野球をしていた。2025年には子どもは精巧なウェアラブルデバイスによりファンタジーをヴァーチャルに体験することをリアルに理解する。

　劇場、音楽堂、映画館、大学、百貨店、専門店舗（書店、薬局、家電用品店、食品店、スポーツ用品店など）、銀行、証券会社、電話ボックスなど、都市時空に20世紀には典型的であったエレメントもその物質的形態は消え、サイバー空間上にその機能がリアルに存するようになっていくだろう。

　スマートフォンは、あたかも身体に内蔵されているかのように、若者たちのみならず人は片時もそれを外すことがなくなってきた。同窓会は、フェイスブックで、一日何度も行われているかのようであり、またほんのつぶやきが、20世紀のマス・メディアを必要とせず瞬時に世界を駆け巡る。遊歩者(flaneur)が、ロボット、アンドロイド、サイボーグであってもその方がリアルだとイメージできる近未来（後続世界）がそこに来ている。その時、「私」は、生身の他者を必要とするだろうか。

　そうであっても、なお社会の社会をよりリアルだとイメージできるのかどうか。その時の「私」は、すべてが人間なのかどうかわからないし、社会を区別する視点がいずこにあるのかも不明である。

154：第9章第3節(165頁)参照。

第3部　社会理論

8. 媒体としての音楽

　音楽が人を結びつけるとは、よく言われる。さて、どのようにしてであろうか。音楽は、もちろん芸術のひとつのジャンルであり、先に見たように言語性と身体性の二つの契機を備えているはずである[155]。

　この二つの基礎媒体が、いったいどのように人と関わるのか、人を結ぶのかについて考えてみる。

1. 言語性への旋回

　音楽が、どのように言語と関係しているのか、さらには言語的であるのかという大きな問題については、ここではただちに答えることはできない[156]。ここでは、媒体「言語」が、発語内的力を軸にして人をつなぐ媒体だということを踏まえて、言語性と音楽とについて、古典音楽について二人の社会学者の論点を整理することから、その関係を見てみたい。

　音楽は言語である、という考え方の典型は、アルバックスのそれである。よく知られた論文「音楽家たちの集合的記憶」において、この人は、「音楽の言語は、他のいくつかと同様に、ひとつの言語である。すなわち、これを〈話す〉人たちの間にある、アプリオリな、あらかじめの一致を前提にしている

---

[155] : 第5章第5節 (77頁以下)。
[156] : Albrecht Wellmer, *Versuch über Musik und Sprache*, München 2009. Thrasybulos G. Georgiades, *Musik und Sprache –Das Werden der abendländischen Musik*, Darmstadt 2008.
[157] : Maurice Hallbwachs, *La Mémoire collective*, Presses Universitaires de France 1950, p.169; M. Hallbwachs, *The Collective Memory*, New York 1980, p.31.

からだ」[157] としている。アルバックスは、デュルケーム派のひとりでもあるが、ベルクソンの門下生でもあった、この人の固有の業績である集合的記憶論のひとつとして、こう論及していた。

　音についての記憶が、記憶として沈殿しているのではなく、それが空間性とともに時間性を彷彿とリアルに想像させてくれる。

　「鎖がチャリンチャリンと鳴るのを聞いて、囚人の一群を思い出すこともあろう。あるいはまた轡のジャラジャラ鳴る音、鞭のピシッと打つ音、そして馬の駆け足は、馬車レースを思い出せることもある」[158]。アルバックスの叙述は、耳と音が、空間性、そして人の置かれた状況を思い起こさせる作用を例示するものだと考えることができる。

　まさしく音が映像を描写させる、一種のサウンドスケープである[159]。私たちの生活は、耳という感覚器をつうじて音による空間把握と密接に関係している。それゆえに音を操ることにより、私たちは空間を想像させることが可能なはずである。したがって、「音楽の言語とは、音に囲まれた中にあって感覚系の諸々の運動を記号の諸形式をつうじてもっぱら安定化するために作用する」[160] と考えてみることも難しくないかもしれない。音（サウンド）という物理的事象の総体から、音楽の言語に基づいた記号形式により、諸音を、言うなれば統語して音楽を創り出すことが可能だということにもなろう[161]。

　音楽家は、自然や人間から主題を選択し解釈し、ソナタやシンフォニーへと作り上げていく。このことは、主題化への注意という身体性水準から、解釈と動機説明という言語性水準での制作活動である。音楽にもあるレリバンス性に着目して、音楽家はそれをなしているということになる。そしてそれが可能なのは、まさしく正しい音楽的質 (qualities proprement musicales) を、音楽家ゆえに抽出できるからだとされるのである。

158：Hallbwachs (1950), p.158 f.; Hallbwachs (1980), p 19 f.
159：Raymond Murray Schaffer, *The Soundscape –Our Sonic Environment and the Turning of the World*, New York 1977.
160：Hallbwachs (1950), p.169; Hallbwachs (1980), p.32.「感覚系」と訳したが、アルバックスは、音を自然的に記録し生成する共鳴器官として中枢神経系を言っている。
161：例えばデューイに従うと、「音楽は、サウンドをその媒体として持っている」〔John Dewey, *Art as Experience*, New York 1934, S.245.〕と、音を基底的媒体と見ていることがわかる。

8. 媒体としての音楽　139

　こういう前提ゆえに、アルバックスの説は、音楽の集合的記憶ではなく、「音楽家たちの集合的記憶」ということになる。言い換えれば、素人があるソナタの一節に惹かれるとしたら、それはそれが奏でられているからにすぎないのだが、玄人である音楽家の場合には、その人たちの注意は、それがソナタやシンフォニーの主題として使われ書かれていることに向いているということなのである[162]。まさしく玄人によるレリバンスの循環ということである[163]。

　こういう説は、日本人が日本語を話すのは、日本人の集合的記憶があるからだとするのと基本的に同じ理屈でもある。デュルケームの集合表象を記憶に拡張したアルバックスの論理の到達点ははっきりしている。というのも、記憶が時間についての集合表象だとし、同時に時間の社会的分化も前提にしているからである[164]。

　こういう考えは、明らかにデュルケームの社会分業論の延長上にあろう。時間の社会性は、職業分化と対応関係にあるということである。たしかに当時も、そしてつい最近までヨーロッパの土曜日午後、日曜日の街通りは閑散としたものだった。そういう時間の集合表象は、職業倫理と結びついていた[165]。これも生活と音とが織り込まれたサウンドスケープである。

　ベルクソンの門下生からデュルケーム派へ転向したアルバックスは、当然かもしれないが、ベルクソンの主観的時間論は個人表象だとして退けることになった。この点は、やはりベルクソンの持続という概念から身体論を展開し、客観的な時間との関係で得られる生活する人の時間性 (bürgerliche Zeit) を導き出していったシュッツの場合とは異なる[166]。そしてアルバックスの論点は、後にレヴィ＝ストロースが試みた、知覚から空間への一般構造論の展

---

[162]: Hallbwachs (1950), p.175; Hallbwachs (1980), p.38.
[163]: 第5章第3節 (72頁) 参照。
[164]: Hallbwachs (1950), p.88 f.; Hallbwachs (1980), p.143.
[165]: Hallbwachs (1950), p.89; Hallbwachs (1980), p.144.
[166]: こうした論点には、後述するようにシュッツは、きわめて批判的である。渡米後のシュッツの著名な「音楽の共同創造過程」でのまとめ方では、アルバックスが、記譜法に音楽を集約していると解していると読める。すなわち、「(1) 彼 (アルバックス) は、音楽によるコミュニケーションと思想とを同一視している。(2) 音楽によるコミュニケーションを、記譜法の体系であると彼がする音楽の言語と同一視している。(3) 彼は、音楽の記譜法を音楽のプロセスの社会的背景と同一視している〔Schutz (1964), p.164.〕。

開でもなかった。

　むしろロマン派の標題音楽に依拠しながら、詩人とともに、まさしく音楽家という専門職業人の使命を問うということにあった。それゆえに、この人の論稿の主題は、文字通り「音楽家たちの集合的記憶」ということであり、「音楽家たちと、音楽の読み方を知っている人々」[167]ということに限定されてさえいる。素人とではなく、「音楽の読み方を知っている人たち (personnes qui savent lire la musique)」の集合的記憶ということである。

　音楽が、玄人音楽家たちの媒体「言語」だとすると、そこに考えられる命題化の可能性が、どのようにありうるのかという点を検討する必要があろう。実際、アルバックスは、シューマンを引き合いに出して、器楽曲が思想や出来事をどれくらい正当に表現することができるかを展開している。すなわち、標題音楽における標題性、すなわち主題化という問題であるが、これもまさに専門家の音楽ということになってしまう。

2. 身体性への旋回

　知覚がすでに、そしていつもひとつの区別であること、さらにそこにはすでに、いつも時間性があることは、すでに見てきたとおりである。諸々の区別に順序をつけて直線上に並べることにより、内的時間性を図示すること、そうした一方向性の流れが描写する時間イメージの直線から、垂線を下ろして記憶の沈殿とし、三角形で全体を図示しようという試みも見てきたとおりである[168]。

　しかしながら、諸々の知覚体験が、ひとつの直線上に整序されるか、そうならないかは、どういう視点を定めるかにも依存している。諸々の知覚体験が多重に絡み合っていることは、多定立的な秩序として考えられてきた。そうした多定立的な複雑性、多重性が、あるひとつの線に整序されるとき、これを単定立的と呼んできた。行為が、二つの時間性の相互依存関係から、こうした

---

[167]: Hallbwachs (1950), p.161; Hallbwachs (1980), p.22.
[168]: 第5章第1節 (60頁) 参照。

ひとつの線に整序されていくプロセスであったことも述べたとおりである[169]。

　このことは、生の持続が分割可能であるか、あるいは分割不可能であるかという問題に端を発している。いわゆる鼓動、脈拍、呼吸、歩行、瞬きなど、等間隔的な体験をする可能性のある諸体験こそが、等間隔に断続するにもかかわらず、そして実はそれゆえに持続を体験させるということでもあった。直線は、点の無限の連続であるゆえに、切断し分割可能だと考えることができると同時に、切断点を確定できないということで分割不可能だと考えることもできる。この断続と持続の逆説的なまとまりに、生が支えられているということでもある。

　内的時間性を、数直線により図示することが、その本質を見えなくしてしまう罠であることはたしかであるが、ベルクソンにおいても、フッサールにおいても、そしてとりわけシュッツにおいて、この時間性の描写ならびに説明に、音楽がしばしば例として挙げられていることにも注意せねばならない。シュッツは、アルバックスが音楽というものを記譜法に収斂させていることを批判的に述べているが、五線に音符で記される西洋音楽の古典的な表記法は、まさしく内的時間性を、直線や三角形を用いて描写することと大いに類似していると言うこともできる。時間の進行も、持続性と断続性とともに、そして同一の時点における単一性と多重性とを表記していくための方法としては、数直線よりも、実ははるかに柔軟な表現力がある。

　芸術としての音楽は本来的には孤独芸術とも言うことができるかもしれない。すなわち体験伝授としての音楽ということになる。この点では、言語性よりも身体性を言わねばならない。ファンタジーは自生的な活動である、まさにその限定された個別の世界でだけわかるものである。「音楽は、私たちの内的世界の出来事である。しかもそれは、われわれの生活の諸事から独立して進行していく」[170] ものということになる。

---

[169]：第2章第4節 (24頁)、第4章第4節 (55頁)、第5章第1節 (60頁) および第3節 (72頁)、第6章第1節 (85頁) 参照。

[170]：Alfred Schütz, „Sinn einer Kunstform (Musik)", in: A. Schütz, *Theorie der Lebensformen* (hrsg. Ilja Srubar), Frankfurt am Main 1981, S.291.

そうした内的な体験を描写するものが音楽であることを私たちは知っている。それは曲を、楽譜から学んでいく場合にも、人から口承され体が学び取っていく場合であっても、同様の孤独な所作があるはずである。そして曲が表現しているのは、それが仮に客観的に観察される事象であるとしても、ある情景の描写であり主観的だということである。

例えば「野バラ〔Heidenröslein (Little Rose on the Heath)〕」のフレーズを楽譜と歌詞で表示してみよう[171]。

（楽譜：Sah ein Knab' ein Rös-lein____ stehn, Rös-lein auf der Hei-den,）

「シ、シ、シ、シ、レ、ド、ド、シ、ラ」と口ずさむこの連なりは、楽譜として、私たちはこの口ずさみを図示することができる。4分の2のリズムは、等間隔の体験であり、音の高低、音符の長短は、数直線以上に複雑な表現力を備えさせるものであり、時間進行という点でメロディが、時点での音の垂直的な組み合わせという点でハーモニーが構成される。

しかしながら、こうした楽譜をまったく知らなくとも、私たちはこのメロディを口ずさんでみることができるはずである。その場合、このメロディをシークエンスとして、すなわちこれをひとまとまりとして身に染みているからである。われわれがこの音楽を聞くとき、あるいはこの歌を「わらべはみたり」と唄うとき、やはりこのメロディのまとまりを、まずシークエンスとして思い出す必要があろう。

最初の音が「B」の音であるか、「シ」の音であるかという、その名称はどうでもよいことであるし、この音の周波数が、466.16376151808991640720312977639…Hz. であることなども知らなくてもよい。そもそも楽譜などなくとも、口ずさむことは可能なのである。

さらに楽譜を見ると、そこには8分の1休止符があり、この瞬間には音は出ていない。しかしながら、われわれはこの休止符もメロディという一体性

171：このシューベルト「野バラ」の楽譜一部は、パブリック・ドメインとして公開されている Heidenröslein, D.257 からその一部を抜き出している。

として捉えている。「野バラ」の旋律は、ドイツ人のみならず、日本人の場合にも、これは歌詞と一体になっており、歌詞が、ある情景をわれわれに理解させる。すなわち「童は見たり、野中の薔薇」というそれである。ある年代以上の日本人は、みなこの歌とメロディをよく知っている。

　詩歌は言葉で表現される。しかしながら、シュッツはニーチェに従って次のように言う、「ベートーヴェンの第九交響曲の最終章を聴くとき、われわれはけっしてシラーの詩に耳を傾けているのではない。歌われるシラーの詩は、もはや語られ読まれる詩と一緒ではない」[172] と。音楽の基本は、詩として書かれた歌詞を超えたものだということを知らねばならないということである。

　「野バラ」は4分の2拍子で書かれているが、仮にこれが32分の1拍子だとすると、童のいる情景は変わってくるであろう。このことは、いわゆる数直線的な時間として表現することが難しいことも、楽譜はよく表現するということであるが、リズムは、メロディの生成と消失とは別に、これを数直線的な時間軸に割り振るものとだということである[173]。楽譜に表現されるリズムは、きわめて中性的な、つまり4分の2拍子という表現に終わるのだが、そもそも詩という口から発せられるそのリズムが備えた音楽性は、時の進行を表現するのみならず、今ひとつ別の次元をも拓いている。

　すなわち、「野バラ」のドイツ語原文にある、"Sah ein", "Knab' ein", "Röslein"という押韻は、この詩のリズムを表している。しかもこの押韻は、たんなる発話行為にとどまらず、発語内的力をも生んでいる。

　この音「アイン」の繰り返しは、われわれにある情景を思い浮かばせるのである。いわゆるユークリッド的空間ではなく、体験空間とでも言うべき世界が広がっていくのである。

　「リズムというのは、詩のフレーズからフレーズへと、歩く足取り、話すペー

172： Schütz (1981), S.293 f.
173： Schütz (1981), S.295 f. 　等間隔的体験と時間については、第5章第1節 (61頁) において詳しく述べたが、リズムは、この等間隔的体験であり、まさしく生を表現するということである。Schutz (2014), p.20 f.

スのように、誠にもって身体的[174]であるということを言っている。そうしてリズムは、時間次元に発し、空間次元へと展開していく。われわれはリズムなしには歌うことはできない」[175]。

言い方を換えれば、詩を作る言葉こそ、まずは音楽的だということである。「したがってこの意味で、叙情詩はつねに音楽のもとに言葉を想定している」[176]ということである。

こうしたニーチェに従い、音楽にある身体性という特徴に依拠することは、言葉に内在するリズムが持つ二面性によって、合理的に作曲をしていくことも可能にするものでもある。すなわち、ひとつは、リズムと身体運動との連関を糸口にして、音楽が媒体となって働いて諸体験を結びつけ、ひとつにまとまって体験される空間を拓いていくことも可能かもしれない。また、今ひとつは、リズムにある数直線的時間性という性質を糸口にして、言葉からメロディとハーモニーの振り付けを設計していくことも可能かもしれないということであり、ある演奏や歌唱として機械的に模倣や模写することさえありうることであろう。

ただし言葉自体が、内在するリズムのみならず、それが持つ意味の内包と外延からも自由ではないことはたしかである。

「言語は、二重に規定される。ひとつは、概念的に語に内在している意味によってであり、今ひとつは語の中に表現される感情のみを媒介し理解させる、話し手の声の響きである」[177]。詩人にとって、歌詞に先行して音楽的雰囲気があろうし、作曲家は、ほんの少しの言葉が刺激となって、リズムとメロディの本質を得る。「われわれは、音楽の基本形式が、意味の主知的な内容からだけではなく、また語の連なりの外的あるいは内的なリズムからだけではなく、ある特定のメタファーからも引き出されることを確かめることができる」[178]。

---

[174]：ここでのシュッツの原語は、körperlich である。
[175]：Schütz (1981), S.297.
[176]：Schütz (1981), S.297.
[177]：Schütz (1981), S.297.
[178]：Schütz (1981), S.298.

すなわち、言葉の意味やその音そのもののみならず、言葉が持つメタファーさえもが、作詞、作曲の手がかりとなるということである。すなわち、自然そのものも音響的な事象を生み出すのであり、そのリズムのうちにメロディが見出されるということでもある。それゆえに、空間的にも時間的に現れ出る広がりは音楽の領域に関係づけられている。音楽家の試みは、そうしたいくつかのプロセスを描くことであり、音響的であっても、ある場合には、視覚的な性質を備えた諸々のプロセスを、ひとつの曲として再生していくことができる[179]。

　むろんここから、いわゆる標題音楽も始まっていく。言い換えれば、音楽の合理化の始まりということになろう。和声、対位法、作曲法の確立ということへとつながっていく。

3.「私」の位置

　音楽が言語であるとすれば、言語を媒体として考えたゆえに、音楽も媒体ということになるのかもしれない。しかしながらデューイから引いたように、音楽はサウンドを媒体として持ちながら、諸表現をしていく芸術のひとつであるというのが妥当であろう。

　またアルバックスとシュッツとの対比に端的に顕れてくるように、音楽は、一方での歌詞にある語の意味、あるいは曲にある諸々の音色にこめられた意味と関係しているし、もう一方でその語、あるいはそもそものその音色や声音そのもの、さらには諸々の音色に由来するメタファーにも依存しうることを忘れてはならない。

　こうした関係により、音楽を媒体として考えた場合の、その媒介性とは[180]、媒体「身体」、媒体「言語」、媒体「人」で示した媒介の連関であり、音楽がこの連関を媒介するものであるとも考えてみることもできるであろう。音楽

---

[179]：Schütz (1981), S.298.
[180]：媒体の媒介性 (intermediary)〔Dewey (1934), p.204.〕をさらに広く解釈して、諸媒体の媒体と解したい。

が、芸術のひとつだということをよく表している。

　音楽の存立意味を考察する際に、シュッツがオペラについて、言い換えればワグナーによる楽劇という綜合芸術としても構想された問題も含めて、詳細に研究をしていったことは重要な試みであった言うことができる[181]。

　オペラは、演劇とは異なり、音楽を伴う。演劇が、演技（行為）、台詞（言葉）、登場人物（人）からなっており、それらから作者と役者、作品と観衆、そしてほとんどの場合、作品そのものに自己―他者関係が組み込まれている。この点で、演劇は、社会モデルのひとつとして考えてみることができる。

　しかしながら、演劇を社会モデルとする場合、演劇は、まさしく多元的現実の限定されたひとつの意味領域であるということであり、その点では、虚構と想像の世界でもあるということであろう。行為、言語、他者関係からなる相互作用モデルという点では類似しているが、演じられている劇そのものは、私たちの日常生活そのものとは違う。ただし、それゆえに演劇が芸術として存在する意味があり、そうしたイマージナリティが、よりリアルともなる。

　さてオペラは、そうした演劇と、音楽とをたんに合わせただけで成るものではない。もっと複雑である。そうした複合性の中に生み出していく音楽の特異な媒介性から、シュッツは音楽の特質を切り出すのである。演劇における台詞（言葉）と演技（行為）は、詩歌と舞踊へと展開する。歌われる詩歌、舞踊における身体運動は、すでにそこに音楽性を考えなければならない。この点で、まずオペラにおける音楽の位置の特徴がある。

　このことは、バレエのように抽象的な水準にまで洗練され高められた舞踊においてもそうであろうが、身体運動の連続が音楽性を帯びた表現だということである。そしてその連続性を可能にしているのが、音楽性だということである。屈折と反射なしには現れ出ない物体と光との関係と同じように、連続性という全体性を捉えられるのは、音色が、媒体「光」のように、やはり

---

[181]：若きシュッツが書いた「芸術形式（音楽）の意味」は、きわめて内容豊かで、ここから多くのことを学ぶことができる。題名が示すとおり、芸術には形式があり、それが流派となる。音楽も芸術にひとつであり、やはり形式がある。言い換えると、自生性を捉え、表現していくための形式ということであろう〔森　元孝（1995年）288頁以下〕。

媒介性を発揮するからである。

　そこで一次的に媒介されているのは、言語と身体とであろう。しかも、言語と身体それぞれが媒体のままで、それら自体の媒介性もそのまま残っているはずである。

　ギリシア悲劇における合唱団の意味が、とりわけニーチェにより論じられたことはよく知られている[182]。この問題を、シュッツはオペラに援用する。すなわち、オペラにおけるオーケストラの役割は、ギリシア悲劇における合唱団の役割の実質的な継承だと、とりあえずは見てみようというところから始める。

　オーケストラが果たすのは、われわれの世界と、舞台での世界との区別であり、これにより私たちは舞台の進行を理解していくのである。ニーチェが指摘するとおり、ギリシア悲劇における合唱団が理想的聴衆などではなく、舞台進行の理想的解釈者であり、まさに音楽性が、われわれを舞台から引き離すとともに、舞台につなげる働きをしているのである（脱埋込）。役者の演技をそれぞれ分節化するのも音楽であるし、役者が発する台詞もその言葉の意味そのものだけが重要なのではなく、それを聴衆の内的持続に内在的に関係させることにも意義があるのである。言葉に内在する音楽性の意味ということである。

　オペラは、音楽が保つ媒介性により、幾多の芸術が重なり合って成っているのである。媒体「身体」とも媒体「言語」とも、演技、舞踊、舞踏により、また台詞、歌唱により、舞台と聴衆とが内在的に結びつくことになる。

　さて、そうした若いシュッツのオペラ論において圧巻であるのは、モーツァルトとワグナーのオペラそれぞれの特質を区別しているところである。

　「モーツァルトはいかなる人物像も、キャラクターも行為も、そしてそれゆえ劇も作曲していない。彼が作曲したのは、たしかに場面や状況においてはその人物に与えた個性があるにはあるが、諸状況であったのである」[183]。

182： Friedrich Nietzsche, *Die Geburt der Tragödie*, Reclam 2007.〔秋山英夫訳『悲劇の誕生』（岩波文庫　1966年）〕。
183： Schütz (1981), S.304 f.

「これに対して、ワグナーは、悲劇としての神話、本当の神話を理想とした。かれの詩においてなされるのは奇蹟の何かであり、そしてこの奇蹟をまさに彼は作曲したのである。(中略)彼の業績の意味は、世界の苦悩からの固有の救済であり、生への意志の拒否であり、実在からの離反、奇蹟への信仰であった」[184]。

これらのどちらが優れているかという問題ではない。むしろ、音楽がオペラにおいて果たす両極にある典型ということであろう。ただし、シュッツが指摘している点は鋭い。二人の人間からなる相互作用を主題化したということを考えると、ワグナーは「トリスタンとイゾルデ」においてその例外を取り扱っていると言うが、作品の大部分は、英雄の独唱の順番登壇であり、神と奇蹟が歌われているのだとする。

それに対して、モーツァルトの世界は、まさに今ここにある現実を整理しようとしたものとさえ思えると言うのである。すなわち、そこには、われわれの直接世界、今いる私と、そこにいるあなたという、原初的な社会関係を体験させるように作られていると言うのである。

これは同時性体験ということであり、私があなたと、まさに今ここにいるという体験である。言い換えれば、モーツァルトは、人のいる空間と時間そのものに本質的に内在している私とあなたという原初的な関係という、人間の事実的で本来的な体験から、演劇の推進力を創り上げ、音楽的に練り上げていったということである。このために音楽の媒介性を用いて、身体、言語、そして人を現出させ、聴衆を、ひとりのあなたとして、その状況に引きずり込んでいるのである。

モーツァルトは、私たちが体験し、行為し、考えていく場、ただたんにそういう意味での世界ではなく、他者との関係について感動し、普通には人間にはめったにない明確さを意識化する、そういう世界を表現しようと言うのである。歓び、悲しみなど、感情を共感する場を表現し聴衆がその場にいる状態を提供するということである。これに対して、ワグナーは、この世の外

---

[184]：Schütz (1981), S.306.

にわれわれをおき、戦いと運命、そして奇蹟と救済の世界にわれわれをもたらすという構図となっていると言う。

　音楽がもつ媒介性が、知覚体験と身体体験との時間的連関とそれによる空間開示を可能にする。言い換えれば、状況を体験するということである。モーツァルトの文脈では、他者との同時体験という状況であり、ワグナーの文脈では、それは信仰、奇蹟、救済状況の体験ということになろう。これらはどちらもファンタジーという限定的な意味領域の自生性 (spontaneity) に由来しており、かつそれを基礎に想像力が開示していく。この点で、ファンタジーを秩序づけて制御することは、人間世界にとっては少なからず問題になるということでもある。

　音声という空気振動（あるいは物体振動）と、身体運動とはリズムの二面性を介して連関する。さらに、これにより生まれる等間隔的体験という時間性は、これとは別の水準にある時間性を備えたメロディと水平的に関係し、かつ時点時点における音色の組み合わせであるハーモニーとして垂直的に関係している。

　すでに述べたように、メロディに始まり、リズムへという音楽生成の経路もあるが、こうした三要素の関係にあるヴァリエーションが、音楽の形式であると考えることができる。この形式には、標題化という意味での命題化がありうるが、それとは違う水準にある内容で満たすことができる。この点で、音楽は、言語を超えているということにもなろう。逆に言えば、音楽で命題化をすることは、音楽の媒介性を限定するということにもなろうということである。

　さらに言えば、音楽を媒体として考えたとき、その多様な内容を満たす形式の差異がもたらすのは、知覚体験と身体運動との時間的連関であり、さらにそれが生み出す状況空間ということである。言い換えれば、体験の再帰性が、感覚器体験と身体運動感覚との差異と区別によって、瞬間的に封鎖され、また別の水準で開始されるということである。こうした断続と接続が、音楽にある媒介性を可能にしているように考えられる。それゆえ、そうして拓かれる状況空間は、形式によって、他者との同時性を体験する空間ともなるし、

信仰と救済、あるいは国威宣揚の体験空間ともなるということである。

　このとき、人が、どのように析出させられているかは、音楽にどうかかわっているかということである。アルバックスが捉えた音楽は、音楽家が素人ではなく玄人として演奏するそれであった。シュッツの場合には、彼自身、素養も才能もあったが、玄人か素人かではなく、音楽をつうじて一緒に体験し合うことができる同時体験を、私たち誰もが知っているということを教えてくれるものであった。

　ゆえに、ベートーヴェンのソナタ「月光」であっても、それが誰の何であるかということは、まずは関係がない。その音楽とともに美的に体験し合う同時性という瞬間のあることを私たちが知っているということである。

　シュッツが区別したモーツァルト流には、そうした状況のキャラクター（人）に感情移入をつうじて私たちが成り代わることができるように、オペラにおいてそれが創り提供されるということである。ワグナー流には、そうした状況にあるキャラクター（神・英雄）を崇めながら恍惚感を堪能するということであろう。そうした音楽の媒介性が、まさに「私」という居場所を指し示してくれるのである。

　シュッツが主題にした半世紀後、一方で劇場公演はライブとして、他方で家庭のステレオ、テレビ、ビデオプレイヤーにより、その後、ウォークマンを経て、i-podへと、よりリアルな場のデバイス化として、「私」の位置は、徹底的に点的な存在となっていくことになる。

9. 労働は媒体か？

　ユルゲン・ハーバマスは、労働に対してコミュニケーション行為という、よく知られた概念を彫琢して、近代をめぐる理論を展開していった[185]。それはユニバーサル・プラグマティクスとしても精緻化されたが、果たしてこのアイデアは妥当だったのかどうか。

　プラグマティクスについては、プラグマとはそもそも何かという問いがありうる。アルフレート・シュッツは、1930年代に未発表の草稿において、すでにこの問題を現実の多元性という結論に結びつけようと考えていた。

　このアイデアを念頭に置いて、今一度、労働ということを、マルクスからハーバマス、そしてシュッツという流れで理論的に考えてみる。

1. マルクスに帰る

　労働は、人間と自然との間にあるプロセスであり、このプロセスを経て人間は自分と自然との物質代謝を自らの行為により媒介し規制し制御するという

---

[185] : コミュニケーション的行為というアイデアにより、社会理論を展開していくことは、Jürgen Habermas, "Ein Literaturbericht (1967): Zur Logik der sozialwissenschaften", in: Habermas (1970), S.71-310; Habermas (1984), S.89-310. および Jürgen Habermas, *Erkenntnis und Interesse*, Frankfurt am Main 1968/73.〔奥山次良・渡辺祐邦・八木橋貢訳『認識と関心』（未来社 2001年）〕において宣揚され、Jürgen Habermas, *Theorie des kommunikativen Handelns*, Frankfurt am Main 1981.〔河上倫逸・藤沢賢一郎・丸山高司他訳『コミュニケイション的行為の理論（上・中・下）』（未来社　1985～7年）〕において理論史として体系化された。

[186] : Karl Marx, *Das Kapital -Kritik der politischen Ökonomie*(Erster Band), Hamburg 1890 (Band 23 der von Werke von Marx und Engels), S.193.〔マルクス＝エンゲルス全集刊行委員会『カール・マルクス　資本論』（大月書店　1982年）234頁〕。

186。こうしたマルクス的な基本設定は、「労働」が媒体であることを示している。

実際、人間と自然とを結び、労働により人間が人間となり、自然を自然として感ずる媒体という設定は、マルクスの初期著作『経済学哲学草稿』からこの後期の著作『資本論』に至るまで一貫しているはずである。

だが、こうした労働概念が結びつける人間と自然の関係は、現代を表現する「正規雇用－非正規雇用」という区別を、「正規労働―非正規労働」と読み替えて表現するなら、ずいぶん違って見える。というのも、「労働」が、人間と自然をつなぐ媒体だとしても、労働というその行為の帰属点に現れる人が、労働でもって、「正規」と「非正規」に区別されるからである187。労働は、そうした非相称な結びつきを生む媒体という可能性がある。まさしくこの時、「人間」と「人」とが違うことがわかる。

マルクス『資本論』冒頭は、次のように始まる。「資本主義的生産様式が支配的に行われている社会の富は、一つの〈巨大な商品の集まり〉として現れ、一つ一つの商品は、その富の基本形態として現われる」188。資本主義社会は、商品の社会だということである。

商品は、使用価値を有した物であり、それは労働過程から産出してくる。労働過程が、こうした商品の有用性の源泉だと考えるのである。労働が価値を生み出すという、こうした労働価値説は、労働が人間と自然との間にあるプロセスであり、このプロセスを経て人間は自分と自然との物質代謝を自らの行為により媒介し規制し制御していることを前提にするが、そうした単体の労働は、何よりも資本主義的生産様式においては、労働過程の組織化の単位として成ってきたとも見られている。

「労働力の使用が労働そのものであり、労働力の買い手は、労働力の売り手に労働をさせることによって、労働力を消費する」189。このプロセスは、資

187：そもそもの「労働者」と「資本家」という階級区別が、労働により媒介されている。したがって、1959年にドイツ社会民主党がバート・ゴーデスベルク綱領により、階級政党から民主社会主義政党へと転換した際、それまでの資本家(Kapitalist)と労働者(Arbeiter)という言葉を、Arbeitgeber (Employer)とArbeitnehmer(Employee)というそれに置き換えた。無論、こうした読み替えは、やはり労働を介して使用者と被用者という人のカテゴリーを区別して関係づけるという本質をよく示している。

188：Marx(1890), S.49.(邦訳47頁)。

本家による労働者からの搾取のそれだともされる。労働者は、資本家には「人」化された資本にすぎない。資本家は、人を資本に帰属させる人のことである。

「資本家は労働力をその日価値で買った。一労働日のあいだの労働力の使用価値は彼のものである。つまり、彼は、一日のあいだ自分のために労働者を働かせる権利を得たのである。(中略) 資本家は、この極限、労働日の必然的限界について独特な見解をもっている。資本家としては彼はただ人格化された資本でしかない。彼の魂は資本の魂である。資本にはただ一つの生活衝動があるだけだ。すなわち、自分を価値増殖し、剰余価値を創造し、自分の普遍部分、生産手段でできるだけ多量の剰余労働を吸収しようとする衝動である。(中略) この労働は吸血鬼のようにただ生きている労働の吸収によってのみ活気づき、そしてそれを吸収すればするほどますます活気づくのである」[190]。

そして「労働の生産力が大きければ大きいほど、一物品の生産に必要な労働時間はそれだけ小さく、その物品に結晶している労働量はそれだけ小さく、その物品の価値はそれだけ小さい。逆に、労働の生産力が小さければ小さいほど、一物品の生産に必要な労働時間はそれだけ大きく、その物品の価値はそれだけ大きい。一物品の価値の大きさは、その商品に実現される労働の量に正比例し、その労働の生産力に反比例して変動する」[191]。

高価な物品、例えば「ダイヤモンドは地表に出ていることがまれだから、その発見には平均的に多くの労働時間が費やされる」[192] などとして、労働の生産力と労働時間の関係がまことしやかに書かれている。

商品の価値が、労働時間の長短よりは、希少性の問題として説明されるのが新古典派以降、一般的なのだが、労働と時間の関係について、この種のマルクス的見方が今もあり続けている。長い時間の労働には、それだけ価値があると考えようという風習があるようである。

産業革命を経て、商品化されたその社会において、労働が媒体となっているとしても、それが結びつけるのは、人間そのものというよりも、それによ

189： Marx(1890), S.192.(邦訳 233 頁)。
190： Marx(1890), S.247.(邦訳 302 頁)。
191： Marx(1890), S.55.(邦訳 55 頁)。
192： Marx(1890), S.54.(邦訳 54 頁)。

り帰属点に析出させられる人たちの区別ということである。人は、労働を媒介にしてなされる区別とともに、もっと言い換えれば、「差別」の中で生きさせられる。

　労働は、人間と自然との間にあるプロセスであり、このプロセスを経て人間は自分と自然との物質代謝を自らの行為により媒介するという、労働の基本概念に依拠し、今や社会の富が一つの〈巨大な商品の集まり〉となった資本主義経済社会においては、そうした本来の労働が破壊されているとして、商品経済批判、資本主義経済批判を展開することは、さほど難しい理屈ではない。

　しかしながら、20世紀の歴史が教えるのは、社会主義革命後の社会にも「商品」はあり続け、社会の富を示すのに、それをただ商品の集まりでしか見せることしかできない人ばかりだったということでもある。

　さて、マルクスにおける労働概念によって全体社会批判を主題化していくその論法は、デュルケームの『社会分業論』で描かれる労働と分業のそれとに重ねるなら、少し別なふうに読み替えることができる。

　「より発展した社会においては、人間の本性は、大部分がその社会の一器官であり、人間の本来の行いもその器官としての役割を果たすことである。それどころか、個人の人格は専門特殊化の進展とともに傷つくどころか、かえって分業とともに発展する。

　実際、一人の人は、行為の自立的源泉だということである。だから、人間にはその人に属し、その人だけに属している何か、およびその人を個性化する何かがある限りにおいてだけ、この資質を獲得する。その場合、人間は、その種、その集団の類型のたんなる化身以上のものである」[193]。

　マルクスの文脈では、こういう見方は、疎外された労働や、虚偽意識ということになるのだろうが、デュルケームが、資本主義経済の進展と分業の発展について無邪気に楽観していたわけではないことは、無規制的分業（アノミー）や、その後の『自殺論』の展開を知るならわかるとおりである。しかしながら、押さえねばならないことがある。労働は、分業として細分化し専門化し特殊化していくものだということ。この点は、マルクスにおいても同様である。ただし、そうであるにもかかわらず、そこにおいてもなお人には、

個性化する何かがなければならないとデュルケームは見ていることである。細分化、専門化、特殊化ということが、疎外かどうか、ただちに同じだとは言えぬということだろう[194]。

すなわち、細分化し専門化し特殊化していく必然の中で、個性化できる何かを人は持たねばならないということである。そうでないとしたら、ただ働くだけの人間だということになろう。

人間と自然との間にあるプロセスが労働であり、このプロセスを経ずして人間は自分と自然との物質代謝により自らの行為を生み出すことはできないと、マルクスは見ていた。ただし、物質代謝により産出される産物の価値について、そのための労働時間の長短や、組織化の度合いに価値を置くことは、労働の本質ではない。労働は、人間と自然との物質代謝であり、これ自体は不可避であるが、それだから長く働くこと、たくさん働き続けること、組織化されることが価値あるものだと考える奇異な風習は、労働そのものの本質とは関係がない。

労働そのもの、すなわち働くことでの社会総体の綜合を求めようとすると、労働は、区別と差別の媒介項としての役割しか果たさなくなると考えられるのである。

2. プラグマティクスの商品化

労働というヘーゲル、マルクス以来の知的伝統の流れの中にある概念に対して、言語と相互行為、すなわちコミュニケーション的行為と命名した概念

---

[193]: Emile Durkheim, *De la division du travail social*, Presses Universitaires de France 1930, p.399. 田原音和訳『社会分業論』(青木書店　1971 年) 386 頁。
[194]: デュルケームのプラグマティズムへの志向として論じなければならない問題である。「〈知〉と〈社会〉はともに相対的にシンプルな諸実体であり、それだから両者の関係は相対的にシンプルな諸仮説により導かれる。(中略) 知は、物質的世界よりもむしろ社会的世界に人間が適応することに関係している」〔John B. Allcock, "Editorial introduction to the English translation", in: Emil Durkheim, *Pragmatism and Sociology*, Cambridge University Press 1983, p.xxxiv.〕。さらに言えば、デュルケームによるリアリティの多元論への方向である。デュルケームの原本は、Emile Durkheim, *Pragmatisme et Sociologie*, Paris 1955. ヨアス編のドイツ語版は、Emile Durkheim, *Schriften zur Soziologie der Erkenntnis*, Frankfurt am Main 1987.

でもって、労働による社会の総合という発想を相対化したのは、ハーバマスであった[195]。労働も実は行為のひとつであり、そうであるなら、社会を主題にする際、なぜに他の行為類型を考えず、これだけをアプリオリに中心概念として設定するのかという問いが当然出てこよう。

　ハーバマスは、19世紀来のマルクス主義で色あせた「労働」という言葉を、道具的行為 (instrumentales Handeln) という言葉で置き換えている。たしかに、身体とその道具的延長にある運動、自然への働きかけを、労働から読み替えるのは、わかりやすいところがある。肉体作業、労役は、身体活動およびそれによる道具使用によりなされると想像すれば、道具的行為と言うのがよいであろう。そう見れば、労働は行為であり、媒体は身体だと言いたくなろう。

　行為である以上、行為の接続（行為連関）ということを考えることができるはずである。ハーバマスに従うまでもなく、道具的行為、すなわち道具を用いて、さらに言えば身体およびその延長上に作動される活動、あるいはそれにより自然物を変化させることは、ただそれだけでは社会的行為であるとは言えまい。

　スコップで穴を掘るということだけでは、それが社会的かどうかは不明である。ひとりの農夫が自給自足で単独生活をしているとしたら、道具的行為だけで生きているということかもしれない。しかしながら、夫婦で畑を耕している場合、夫が土を掘り返し、妻が石を拾い畝にして、夫が種を蒔くとしたら、分業であり協業ということであり、コミュニケーション的ということにもなる。農夫ひとりだとしても、作物を出荷しその収益で生活をしているとしたら、ひとり黙々と働くことも自給自足に完結せず、社会的だということになろう。

　規模を大きく、村人総出で収穫にあたるという場合には、道具的行為は、コミュニケーション的行為により編成されているということになろう。すなわち、言葉を介した相互行為により、労働が分業と協業の総体として編成さ

---

[195]: Jürgen Habermas, „Arbeit und Interaktion –Bemerkungen zu >Hegels Jenenser Philosophie des Geistes<, in J. Habermas, *Technik und Wissenschaft als >Ideologie<*, Frankfurt am Main 1968, S.9-47. 〔長谷川宏訳『イデオロギーとしての技術と科学』（平凡社　2000年）〕所収。

れているということになる。

　これは農作業にとどまらない、工場労働、物品販売から企業買収まで、ほぼすべての人間活動は、予定された作業工程を習得し、現場で指示と命令に従って道具的行為を遂行することになる。道具的行為は、組織化されるということである。ハーバマスは、これを戦略的行為 (strategisches Handeln) と呼んできたが、これは軍事行動が典型であり、そういう点ではコミュニケーション的行為の変態であり、労働がまさしく組織化されているということである。

　指揮監督という客観的視点から、目標とする成果達成のために、諸々の道具的行為（＝労働）が組織化される。設定された目的達成のために、予定された道具的行為がなされる。これは軍事行動のみならず、経済活動すべて、官公庁における業務、さらに学校教育さえ、こうした方式で組織化されている。

　道具的行為は、物と出来事とを知覚しそれらを処理していく行為のことであるが、その複数個を、観察者の視点で組織化していくことで、戦略的行為が編成される。

　複数の人の相互関係は、ハーバマスの言い方では、コミュニケーション的行為、すなわち言語を介した相互行為の問題である。そこでの経験の基盤は、記号を知覚し人（人々）とその人（たち）と相互作用することにある。ただし、戦略的行為の遂行と達成は、この経験の基盤である記号知覚の標準化、すなわち人（たち）の相互作用を客観的に制御できることにかかっている（テーラー・システム、カンバン・システム、ジャストイン・タイムなど）。

　余計な知識は無駄であり、また余計なお喋りは不要だということになる。この到達点に至るまでに、小学校一年生から児童は教室前方中央の教壇にいる先生の方を向くことから始まり、大学生は「就活」と称する一斉活動に正対する。どれもこれも戦略的行為である。

　人（たち）の相互作用であるから、そこには、その当事者（たち）のそれぞれの視点が必ず存在するだろうが、戦略的行為の達成はこれをいかに制御できるかという処理方法が不可欠となる。フィードバックして別の指示と取り換えられることもあるし、担当者が使い捨てされることもある。

　遠くに大きな目標を設定した戦略的行為の達成のためには、その過程にお

ける「適所適材」として、人はつねに代替可能ともなるし、同時に唯一無二の才能を持つ人が必要となることもある。人は人として区別されるためにあることになる。

　ちょうどシャノンのコミュニケーション過程における雑音除去のような関係になっている[196]。この時、すでに人間は、人となっているのみならず、すでに商品の一部となっている。

　さて、ハーバマスの社会理論の根本設定は、コミュニケーション行為の本来性を確保することであった。

　コミュニケーション的行為というのは、言語を媒介にした相互行為ということであるが、これは私が本書でこれまで整理してきた概念に従って言い換えるなら、人が言葉を発し、それに応じて人が何かをするということになろう。ただし、この場合、人が言葉を発するというところに、すでに言葉の意味を発する以上のことが含まれているというオースチンの発話行為論の問題がある[197]。

　すなわち、「ここ開いていますか」と、席を指さして尋ねた場合、空席かそうではないかという事実確認にとどまらず、「そこに座りたい」という希望表明であり、あるいは置いてある荷物を移動させて欲しいという要請である。「言うことは、行うことである」という発話行為であり、言うことに、何かをさせるという力が備わっているということであり、これは発語内的力と呼ばれてきた[198]。

　ハーバマスの普遍語用論 (Universalpragmatik; universal pragmatics) とは、この発語内的力の分類と、それによる社会的行為の分類ということだったと言っても間違えではないであろう[199]。

　発話行為は、次のような形式になっている。

　performative verb + that ⟨p⟩. というそれだが、遂行動詞 (performative verb) により発話行為を分類することができるが[200]、それぞれの型は、発語内的力

196：第5章第4節 (74頁) 参照。
197：第5章第2節脚注 70(64頁) 参照。

が構成するリアリティの相違ということになろう。

ハーバマスは、伝達型 (Kommunikativa)、事実確認型 (Konstantiva)、規制型 (Regulativa)、表出型 (Repräsentativa) というリアリティ四類型を提案したが、たしかに言語を介した相互行為状況にあるこれらのリアリティを思い浮かべてみることはできる。

伝達型では、例えば「あなたは何を言いたいのか」という発問と、それに対する「私が言いたいのは、…である」という応答で形成される相互行為状況を考えればよいであろう。

「事実確認型」では、例えば「この事故車は、時速95キロでこのカーブをブレーキもかけず曲がろうとした」という事故記録に書かれた言明と、「それは本当か」という問いで形成される相互行為状況を考えてみればよいであろう。

「規制型」では、例えば「公共の建築物内では、禁煙となっている」という注意書きと、それに対する「この掲示は不当だ」という抗議により、そして表出型では、例えば「私はあなたのことが好きだ」という告白と、「それ本当のこと」と問い返す目により、それぞれ規定される相互行為状況を思い浮かべばよいであろう。

伝達型では、「何を言いたいのか」と問われたときの、その意思疎通性の妥当が問われているということである。そこに結ばれるリアリティは、言葉の理解可能性そのものである。例えば、どんな人も、「言葉が違う」、「言っていることについて何が何だかわからない」という、意思疎通が不能である

198：発話行為論というアイデアはないが、トマスにおける「状況の規定」という概念は、発語内的力が示す内容にほぼ対応すると考えられる。William Isaac Thomas, *The unadjusted girl*, Montclair, New Jersey 1923. p.42 および、p.230 ff.
199：普遍語用論については、森 (1996) 第8講における論稿も参照して欲しい。普遍語用論という用語は、1981年以降、形式語用論 (Formalpragmatik) に代わる。
200：前述したとおり〔第5章第2節注70(64頁)〕、ハーバマスは、オースチンに従い、その行為類型を動詞分類例示とともに行っている。とくに挙げておくと、Jürgen Habermas, „Vorlesungen zu einer sprachtheoretischen Grundlegung der Soziologie", in: J. Habermas, *Vorstudien und Ergänzungen zur Theorie des kommunikativen Handelns*, Frankfurt am Main 1984.〔森 元孝・干川剛史訳『意識論から言語論へ—社会学の言語論的基礎に関する講義 (1970/1971)』(マルジュ社 1990年)〕第5講。

ことを感じる人に遭遇したことがあるはずだ。

　事実確認型においては、「時速95キロであったかどうか」「カーブに入る前にブレーキをかけた痕跡が残っているかどうか」という事実性が吟味されることになる。それらの命題の真偽が問われることであり、そのリアリティは、それが客観的かどうかということであり、命題の事実性が妥当かどうか（客観性）について問われている。

　規制型においては、「喫煙禁止」という規範の妥当性を問い返そうということであり、そこに結ぶリアリティは、属する社会における人と人との関係そのものということになろう。「どういう権限で、そういう掲示を出せるのか」という問い返しがあることを考えれば、こうして規定される状況を思い浮かべてみることができるはずである。

　「表出型」においては、「告白」という、相手の心的出来事についての真偽ということになる。これを客観性の水準で問うても結論は得られまい。結ばれるリアリティは、主観的な事柄であり、その人の心の中での出来事ということになろう。問われる妥当性は、その人が誠実かどうかということになろう。

　専門家の言葉は何が何だかわからない。専門家となるために術語に習熟するということを考えれば、まさしくその言葉がその世界のリアリティを規定しているということである。

　法律家となるためには、法律用語とその修辞表現法を学ぶことになり、社会学を学ぶと、日常通語にほど遠い術語で社会を語ることになるし、通常では解説をしない状況を、蘊蓄とともにわざわざ専門用語で説明しようとすることになる。物理学や経済学は、数学が基本用具となる。これらはいずれもそれぞれの世界の限定された意味領域にあてはまるということである。ゆえにそれらとは別の領域世界からそれらに関わろうとすると、意思疎通性がしばしば問題となるということである。

　客観性は、掲げられた命題の真偽の検証、すなわちその命題が、どれだけ反証に耐えられるかにより、そのリアリティが確保される。規範性は、その服従を可能にする支配の正統性の根拠により、そのリアリティが確保される。そして、主観性は、その告白の誠実性によりリアリティが支えられている。

嘘ばかり言う人の告白は、不誠実だという、そのリアリティが誠実に伝わるということである。

こうした言語を介した相互行為状況の普遍形式とされるものの抽出整理により、たしかにこれが道具的行為の作動範囲を設定することができるようであり、それを基礎にして、現代の行政と企業に代表される複合的に集産化された社会における戦略的行為を合理的に根拠づけ直してくれる方法哲学が得られるかもしれないという期待を抱くこともできそうである。

だが他方でこうして得られる「リアリティ」それぞれこそ、現代においては再度、いやそれどころか繰り返し、道具化されていく可能性があり、戦略的に組織化されていくリソースであり、結果としてつねに商品化もされていくはずのものでもある。広報活動は、公開性要求という理念に応えるものにとどまらず、新たなる informed desire を植え付けるものでもある。

何が何だかわからぬ難解な専門語も覚え込まされ口ずさんでいる間に習得したような気になり、そうした精神乏しき「専門人」ともなれるだろうし、その難解だとされる学問を、テレビを通してお茶の間に蘊蓄とともに日常通語でわかりやすく解説する「専門家」の所作を享受することは、実はすでに商品使用ということに他ならない。

反証の枚挙は確率計算を操る専門分野となり、リスクという確率計算そのものが商売となる。支配と服従の根拠のみならず、確率計算の説明責任も、法と判例の集積を熟知する専門家たちにより論拠形成されていくことになるが、同時に「地獄の沙汰も金次第」という警句は現代に最もよく生きている。媒体「権力」、媒体「法」が、媒体「貨幣」により代替されることは普通のことであるし、媒体「貨幣」が、媒体「権力」のために用いられ、媒体「法」を変形させることもある。

心の中の思い、心の中の出来事は、客観性や規範性とは異なり、その対応関係を確認し吟味する方法を欠いており、また「心に通じる」という点では、その誠実性を対象化することは必ずしも重要ではないかもしれない。

しかしながら、そうした誠実性もそれをイメージとして感じる人の確率の問題として設計していくこともまた可能である。商品陳列のディスプレイデ

ザイナーから政治家のスタイリストに至るまで、イメージは確率計算の問題である。そして何よりも、言葉を介した相互作用における、合意達成手段である討議そのものさえ、説得技術や論証スキルとして設計される戦略的行為の一種となっていることもたしかである[201]。

3. プラグマの区別

　労働の商品化ということのみならず、人間活動一般（プラグマ）が商品化され技術化され、戦略的に編成されるということである。労働や仕事に対して余暇というものを区別して対置することがあるが、これも商業化される最たることのはずである。

　国家成立以降、現代に至るまで、集産化していく政治と経済の複合体、すなわち「鉄の檻」の中に、人間活動一般は閉じ込められ、制御され尽くされているということでもある。ここから逃れる可能性は、どのようにあるのだろうか。「自由人」という概念が、あまりに無垢な概念となり、今や思いのままに生きる可能性はありえないのだろうか。

　マルクスの労働概念に対して、ハーバマスは普遍語用論という理論装置を考案して、労働という作動領域とは別の領域を明示し、それにより労働の作動領域を根拠づけようと試みた。別の領域というのは、言語を介した相互行為の領域であり、これの普遍性を形式的に提示しようとしたものであった。

　しかしそうした領域があるとしても、今やそれさえもやはり商業化されるはずだというのが前節での私の考えである。ただし、ハーバマスは、プラグ

---

[201]：民主主義は、代議員「選出」と審議「手続き」など、きわめて技術的な側面とともにしか存在しないものである。これは、たとえ草の根民主主義の場合でも同様であると私は考えている。ハーバマスが「労働＝道具的行為」に対して、「言語相互行為＝コミュニケーション的行為」を対置し、さらに後者の根拠を討議（ディスクルス）と合意に求めるとしても、やはり討議のスキル、合意達成という手続き（技術）は、戦略的行為だと言わざるをえないし、そのための身体能力と言語能力は、本来的には道具的行為だと考えている。具体的な事例として、私の経験的研究〔森　元孝『逗子の市民運動―池子米軍住宅建設反対運動と民主主義の研究』（御茶の水書房　1996年）第4章および第5章参照〕。

マティクス（語用論）を普遍理論として展開しようとしながら、プラグマティクスを前提にしたが、プラグマということについては問うていない。

プラグマティクスを、言語を介した相互行為と解釈することは可能だろうが、そうだとしても、そもそも身体運動と発話行為との区別を明確にすることは簡単ではない。発語行為、発語内行為、発語媒介行為は、いずれも身体運動と連関している[202]。

プラグマそのものを問わねばならない。シュッツは、「社会的人格」をめぐる1936年から37年の草稿において、このことを主題にした。

行為ということについて、名だたる社会学者たちは、目的と行為の連鎖（ウェーバー、パーソンズ）、成果志向と了解志向（ハーバマス）、出来事（ルーマン）として考えてきたが、シュッツの試みの特質は、目的として投企された未来完了状態へと、現在から諸々の行いを整序していくプロセスが行為だとしても、その行為が、さらに分解可能な行い（行為）により成っているということから始まっている。この一続きのプロセスとしての行為と、それを構成していると考えられる行いの連鎖の区別を、「やる気 (Vorsatz)」と「根気 (Entwurf)」のマトリクスと呼べるだろう区分により明瞭にしようとした[203]。

„Vorsatz" は、"purpose"、„Entwurf" は、"project" と英訳することができるだろう。これらを硬く和訳すれば「故意」と「投企」ということになろうが、その要点は、意図の区別ということで成っている。

		やる気	
		なし	あり
根気	なし	無意識のプラグマ	習慣、伝統、感情に基づいた行い
	あり	単純な幻想	ワーキング

行為 (act) は、諸々の行為 (actions) から成っているとした。行為は、投企 (project) された未来完了で抱くことのできる達成状況、すなわち目的をめざして、諸々

202：ハーバマスは、オースチンの区別をほぼそのまま踏襲している（第5章第2節言語）。
203：これらは、当然、訳し過ぎ、誤訳だという反論があろう。代案を期待する。

の行いを整序していくプロセスであった[204]。この投企と整序のプロセスは、投企という一定のタイムスパン内に、諸々の行いを整序していくプロセスであり、その点でしばしば根気を要する。そうした整序された諸々の行いもまた、それぞれに意図にあたるものがあると考えることができるはずである。いわゆる痙攣による意図のない身体運動と、行為の区別をしばしば意図や意識の有無に求めることを考えれば、どんな小さなものでも、行いそれぞれには意図があると考えることになるということである。

シュッツの整理において重要な点は、これを根気とやる気という二つの意図の区別から、四つの下位カテゴリーを区別しているところである。

根気（投企）(project; Entwurf) に対して、区別される、やる気 (purpose; Vorsatz) とは、シュッツに従えば、「そうしよう」という強い意志作用 (fiat) への志向性とされる[205]。はっきりそうしようという「やる気」がなければ、熱い思いも夢想や妄想に終わってしまう。夢想、妄想は、今、現在の時点から未来へ投企して（あるいは過去へ想起して）、それを実際に行おうという気などなくても、それらを作り上げていくことができる。

四つのセルについて順に見るなら、「やる気なく根気なし」というセルが示しているのは、「無意識のプラグマ (unconscious pragma)」である。これは生きている限り、いつでも誰にでもある、ふと振り向く、ちょっと口ずさむ、ふと首をかしげるなどの、自生的 (spontaneous) な反応である。

次の「やる気あり根気なし」というセルは、習慣、伝統、感情を基礎にした振る舞いである。挨拶をする、礼服を着る、激怒するなどである。

さらに「やる気なく根気あり」というセルは、上述のとおり、夢想、妄想であり、実現の意図はなく、想起と投企で膨らんでいく世界である。

最後に「やる気あり根気あり」というセルについて、シュッツは、覚醒した行い (Handeln im vollen Sinn) とし、ヴィルケン (Wirken) という言葉を与えている。これは、独話辞典を引くなら「作用する」ということにもなるが、英

---

[204]：第2章第4節 (26頁) 参照。
[205]：Schütz (2003a), S.133; Schutz (2013), p.277 f.; James (1890/1950), p.501, p.561.

語の work にもあたる。上ではワーキングとしたが、シュッツの従来の邦訳書では、「労働」とされてきた[206]。

そして大変面白いことだが、シュッツの社会理論においても、実は、覚醒した状態におけるこのワーキングが、至高の現実 (paramount reality; ausgezeichnete Wirklichkeit) であると考えられているのである[207]。晩年ほんの短い期間だけ大学教授であったことを除いて、オーストリア、ウィーンで成人し、独墺合邦によりパリを経てニューヨークで生活するようになっても、人生ほぼ通して実務家であったシュッツゆえの理解ということも言えるだろうが、Wirken を「労働」と無造作に訳してしまうと、「働く」ことが、至高の現実だというふうにも読めてしまう。邦訳で「労働」とされていることに他意はないのだろうが、「労働」のコノテーションは、相当に歴史的な拘束を受けざるをえないであろう。

そういうこともあり、私は、労働が至高であることは相対化せねばならないと考える。シュッツのコンテクストに忠実かどうかは別として、この人のリアリティの多元性という理論、その真骨頂は、仕事に明け暮れる日常世界のみならず、夢の世界、幻想の世界、芸術の世界、科学の世界など、現実はマルティプルだという、シンプルな論理の指摘にあった[208]。

しばしば夢と現実という対比がなされるが、夢の非現実、非実在も、実はリアリティである。言い換えればリアリティを欠くとされる夢想、妄想も、縁取りされたその意味世界においてはリアルだということである。

多元的に諸世界があることから、別の世界へは飛躍 (leap) が必然だということになる[209]。飛躍してしまうことに、後付けの説明や釈明を付することはできるだろうが、たとえショックを伴うものであっても、この飛躍の可能

---

[206]:「多元的現実について（七）至高の現実としての労働の世界」渡部光・那須壽・西原和久訳『アルフレッド・シュッツ著作集 第2巻 社会的現実の問題 [II]』（マルジュ社 1985年）34頁。

[207]: Alfred Schütz, „Über die mannigflatigen Wirklichkeiten", in: Schütz (2003a), S.203 ff. Alfred Schutz, "On Multiple Realities", in: Maurice Natanson, *Alfred Schutz Collected Papers I –The Problem of Social Reality,* Dordrecht 1962, p.226 ff.〔「多元的現実について」前掲訳書）所収〕。

[208]: Schütz (2003a), S.206 ff. ; Schutz(1962), p.229 ff.（邦訳 37 頁）。

[209]: Schütz (2003a), S.209 ; Schutz(1962), p.231.（邦訳 40 頁）。

性がつねに未決になっていることが生きるにあたって不可欠な前提のはずである。

そうでなければ、限定された意味領域にだけ封じ込められた世界から冒険することはできなくなる。「人たちがリアルだと諸々の状況を規定するなら、その諸々の状況はそれらの結果としてリアルとなる」[210]。しかしながら、同時にこの公理によって、人間が、限定された意味領域をつねに越境していくことができるということも知らねばならない。

4. よりリアルの代案

リアルは、次のように描いてみることができるはずである。

リアル

よりリアル	リアル

よりリアル	リアル	=	リアル

そして、「よりリアル」であろうとする、現代社会を表象するイデオロギーも、次のように「状況規定」に依存していると考えられる。

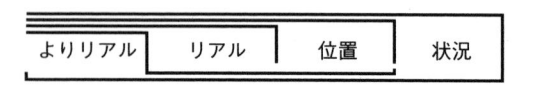

よりリアル	リアル	位置	状況

「よりリアル」であるように行為が informed desire として方向づけられているのが、現代の情報社会のはずである。通信技術に代表されるテクノロジーは、シャノンのような天才による発想と、それを汎用化していくための完璧に編成された製品生産により成っている。

技術の汎用化は、覚醒したワーキングの世界を構成する道具的行為のはず

210： W.I. Thomas and D.S. Thomas, *The child in America -Behavior problems and programs*. New York: Knopf, 1928: 571-572.

であり、労働であり、戦略的行為として集産化されている。この点では、リアリティは、テクノロジー汎用化という進行していく時制とともに変化していくようにも見える。

　しかしながら、「よりリアル」は、人の発想が不可欠である。単線的な進化図式は、その後になった、まさしく後付けで整備されていくものである。人に天才性というものがあるとすると、それは、区別されたものをそのまま繰り返し知覚するというのではなく、区別するその最初の所作に原点がある。

　テクノロジーと「新しいテクノロジー」の区別も、これに支えられている。この点では、それはリアルと「よりリアル」という、区別される両側に対応し、区別を横断するところにある。飛躍は、しばしばショックを伴うとされるが、その基本は、視点の移動であり区別ということである。

　近代以降、とりわけ現代の日本人の履歴は、学歴、学校歴、職歴、職業歴として単定立的に秩序編成され表現されるが、視点は飛躍し、かつ状況は、その時々に再規定可能なはずであり、そこに「リアル」な像が結ぶはずなのである。そこに現れる秩序は、つねに自生的であり、二つとして同じものはない。それは、飛躍が多種多様であり、多定立的なはずだからである。

　「よりリアル」は、比較可能という単線性、言い換えれば単定立性を前提にして言えることである。そうした「よりリアル」に従属するのではなく、飛躍することによってしか到達できない多元的リアリティの中に身を置けることが、社会秩序に自生性を求める際に、大いに必要なことである。コンベンショナリズムを超え、かつ真正性 (authenticity) を保持するためには何よりも不可欠なことである。

10. 民主主義のリソース

　第2部の概念装置を踏まえて、日本の民主政治の将来ということを考えてみたい。今やその政治体系は、言語性契機よりも、身体性契機が優位となって、政治は弁論ではなくイメージにより決まるものとなりつつある。弁論のためには、言語運用のためのリソースが必要だからであろう。そしてイメージという教え込まれた欲求 (informed desire) は、たぶんそれを必要としないからであろう。

　政治体系の自己観察により公共性および公開性は機能していく。これらが、政治体系を言語リソースで導いていく可能性はまだ残っているが、これらも政治体系そのものとともに informed desire の世界の一部となり溶解していく可能性もある。脱物質文明のもとでの行為の帰属点を主題化し解釈し、その動機理解をしていくためのリソースが、言語性、身体性ともに枯渇しつつある。

　そうした趨勢にもかかわらず、まだなお理性主義的に、あるいは自然法的に、政治体系について言語性契機を基軸に議論をしていく可能性があるとしたら、それは、日本の場合、「平和」をめぐる論点であろう。この主題にある担保はまだ残っており、これからも残しておかねばなるまい。そしてこれが、この国が脱ネーション化できるとしたら唯一のリソースともなるもののように見える。

1. 政体の区別

　媒体「権力」は、人々を組織し編成する際に不可欠な力、すなわち人が

人を統御する力であると述べた[211]。統御という行為の帰属点には人（主人）が必ず現れ、その行為により統御（支配）される行為の帰属点にも人（従僕）が現れる。この関係を形成する力なしには、人および人の集まりを動かすことはできない。

政治体系は、人を人により統御するそうした権力関係でなる行為連関から構成されている。企業組織、運動組織、組合組織、どこにおいてもこれは同様である。種々の組織の区別は、それぞれにある目標によってなされる。企業は、収益極大のための効率が、運動は、理想実現のための実践が、そして組合は、協同実現のための活動が、組織目標ということになる。

これらどの組織においてもつねに言われてきたことだが、20世紀の標語は、政治組織がいかに「民主的」に運営されるかであった。その理念は民主主義として、そしてその実際は民主化とされてきた。他方で暴力と権力の連関が露出した世界があり続けたからである。

こうした理念と実際は、21世紀となった今も同じである。民主主義をもう止めようという話にはならないだろう。

ポリティア (Politeia)、すなわち政体は、これを政治体系と考えるなら、古代からの政治学の政体類型論に重ねることができる。君主制、貴族制、共和制という区別である。こうした区別は今もある。アメリカ合衆国、ドイツ連邦共和国、ロシア連邦、中華人民共和国、大韓民国などは、共和制、グレートブリテン及び北アイルランド連合王国、オランダ王国、日本国などは、君主制という具合に。

アリストテレス『政治学』は、これら三種の区別に、次の区別を対応させている。すなわち、それぞれの政体の正道に対して、邪道があり、その邪道が右の区別のようになる。独裁

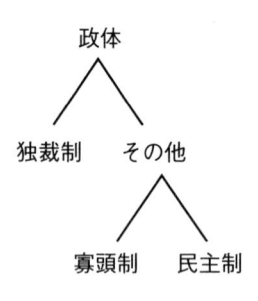

---

[211]：第6章第3節（91頁）参照。

制（僭主制）と寡頭制とは、今もネガティブに捉えられるが、民主制も、市民革命以降の近代的な意味とは違っていたということである[212]。

　市民革命は、「王」に対する「市民」という、その対立の克服である。君主（王）が廃止されるか、君臨すれども統治せずという原則確立が近代の成果である。独裁、僭主、寡頭に対する民主ということであろう。したがって現代の君主国も、立憲君主国だとされる。憲法のもとに君主が位置づけられ、かつ憲法秩序は市民に帰属することになる。

　市民の要件は、アリストテレスにおいても今と似ている。すなわち、その都市（ポリス）において、そこの統治と裁判に参与できる人である。そこにおける主権 (sovereignty) が、市民にあるなら民主制ということになる。

　ごく少人数の集まりにおいて人が人を統御するという場合と、都市国家という組織における場合とでは、大きな違いがある。社会的世界の構成論を思い出せば、同時性と疑似同時性、親密性と匿名性という区別のあることがわかる[213]。

　複雑な機構を作動させるには、各水準、各時点の決定が必要となる。決定の審級を整序し、組織化することが不可欠となる。そうした膨大で多様な決定の最終帰属点が何かを観察せねばならない。共和制とは異なり、立憲君主制では、民主制の正道と邪道の関係を言うのは難しい。

　君主独裁の場合、戦争行為は、この君主に帰属しよう。共和制の場合、戦争は、それが起こるとしたら、大統領か、議会かに帰属しよう。しかし立憲君主制は、共和制と言えまい。

　貴族院を復活せよというつもりはないが、そしてそもそもの貴族制ということも問わねばならないが、衆議院と参議院という区別は、衆議院と貴族院

212：「多数者のほうが少数のりっぱな人々にくらべて全体としてみればすぐれているとしたわれわれの主張は、民衆のすべて、いいかえればすべての大衆についていえるかどうかは明らかではない。いや、たぶん、ある種の民衆については当てはまりえないということは、絶対にといっていいほど明らかなことだろう。　―というのは、もしあらゆる民衆にあてはまるとすれば、以上にいわれたことは野獣にもまた同じようにあてはまるだろうから」〔アリストテレス『政治学』（中公クラシックス）76 頁。Aristoteles, *Politik – Schriften zur Staatstheorie*, Reclam 1989, S.177.〕。
213：第 4 章第 2 節 (48 頁) 参照。

という区別を、君主と議会の位置関係において、平準化したところがある。両院の区別の意味は便宜的で不明確であり続けている。

　君主制においても共和制においても、どちらにもある議院内閣制という形式は、首相（内閣総理大臣）を議会との関係で析出させる。そして、これが首班する内閣に対して、議会が議会として、すなわち議員、政治家が、それぞれ言語運用能力を備えて仕事するのが前提である。だが、資金力とイメージに依存して議席が決まり、議会の権力基盤が決定するとしたら、政策のみならず戦争も、資金力とイメージにより決まる可能性がある。内閣の決定、議会の議決は、金とイメージに帰属することにもなる。

2. 政治体系の自己観察

　アリストテレスの区別では、君主制、貴族制、共和制のいずれが優れているかについては重要ではない。政治は、そのポリスにおいて徳 (Tugend) でもって行われることが重要だとされるからである。それを実現する際に析出する主体が、君主であるか、貴族たちであるか、民衆であるかの区別で政体が区別されており、それぞれの徳の実現次第で政治の質が判断されることになるからである。ゆえに民主制という共和制の邪道においては、その市民の徳が問題となる。

　徳について、アリストテレスからヘーゲルに至るまでの西洋哲学史をたどる余裕はここにはない。そしてそれはヘーゲル以降、言い換えればフランス革命以降、実現されるべきものが変わったとも言える。産業革命以降の物質的再生産の成果とその分配を、統治に際して考慮に入れないわけにはいかなくなったからであり、とりわけ20世紀後半の日本の政治は、経済政策の成否による物質的利益配分の成否なしにはありえなかった。

　市民社会は、それゆえにすでにヘーゲルにおいて欲望の体系とも言われる。政治体系は、この欲望の体系を、どのように統御できるかが重要な課題となる。生活することさえできればよいという最低限の必要 (basic needs) の充実で

は済まない。私たちが置かれている、21世紀の世界では、それは問うまでもない前提であり、その上に情報として教え込まれる欲求 (informed desire) も満たされる必要がある。それが統治の必須である。その必須条件の充実が、統治者に求められる。というのも、「私」それ自体が、先に見たようにきわめて複雑に圧縮と誇張の関係に支えられているからである[214]。「私」を誇張と圧縮により主題化、解釈、動機説明を可能にするリソースが与え続けられなければならない。最低限の物質的必要の充足のみならず、誇張と圧縮の可能性を情報として注入し続けねばならない。

　人による人の統御は、政治体系をつぶさに観察することで点検できる。政体の安定は、政治体系の観察によってその処方を得ることになる。日本国の場合、内閣総理大臣の析出プロセスを観察することであり、与党内の有力政治家の派閥形成プロセスを観察することである。ただし、政治体系と政治家（あるいは内閣総理大臣）の関係は、この人（たち）が、政治体系そのものの中にいるということではない。

　政治体系は、権力という媒体をつうじて人が人に行為をさせるという関係から成っていた。すなわち、媒体「権力」を介した行為の連鎖が、政治体系であった。人は、その連鎖する行為の帰属点を問うたときに、現れ出て見えるものでしかない。当初から、人が政治体系外部に存在して、この体系を操作するのではない。政治体系をリードしていく政治家という人がいるとしたら、そのリスクは大きく、危険でもある。

　独裁者であっても、この人が、政治体系の外側から、政治体系それ自体を独裁しているわけではない。独裁は、統御される人たちに連接していく媒体「権力」が、ただひとりに帰属するということであろう。したがって、その独裁者ひとりがいればよいということではない。それでは、権力を行使できない。例えば、命令に服従しないとして、民を皆殺しにしても、それは権力行使ではない。暴力行使であるが、これを徹底完遂すると、政治体系は消滅し、独裁者は独裁することができなくなる。政治による支配というよりは、恐怖

---

[214]：第7章第3節参照。

による支配とその破滅である。

　こうした物理的力の行使とは異なり、体系を観察する結果も、連接していく諸行為に間接的に影響を与える。文学者が、政治体系を観察し、小説とし、エコノミストが、政治諸決定について意見する場合も、政治体系の観察に基づく。それらにより政治体系が変化することがある。人のみならず、経済体系、法体系など他の社会体系も、政治体系を観察する。

　政治をめぐり析出する人、すなわち政治家のみならず市民やその拡張体である団体が意見表明し世論が形成されると言う。世論とは、政治体系について、政治体系それ自体はじめ諸体系が観察した結果、言い換えれば政治体系をめぐる観察の結果表出である。したがって、その世論を、政治体系から析出する政治家や政党が代弁し煽動し、あるいは報道機関が世論として代表し宣伝することがあり、世論調査機関が、それを調査測定することも可能である215。だがこの場合も、政治家、政党、報道機関、調査機関が、先験的に存在しているわけではなく、政治体系をめぐる観察の帰属主体として析出してくるものである。

　しかし、政治体系による政治体系についての、まさしく自己による自己観察だったとしても、関わるすべての出来事を観察し尽くすわけではない。観察とともに、それらの人およびその拡張体、すなわち市民、政治家、諸団体が析出してくる。そしてそのどれもがすべてを観察し尽くしていないゆえに、公開性が求められ、公共性という問題がある。政体が、それ自体のすべてを見透すことができないからである。公開性を求められるのは、それゆえである。

　しかし、どのように公開規則を作っても、規則がある限り、公開されない情報がつねにある。この公開性要求により公開が促進されるが、公開されないものが例外として規定されるパラドクスに支えられている。反対に、秘密保護法制定に、強い懸念が向くのは、そもそも政体の観察が、観察である以上、すべてを見透せないにもかかわらず、それをさらに見えないようにするから

215：私は、「公共性」という、ドイツ語「Öffentlichkeit」の不器用な訳語対応には従わない。日本語の「公共性」とドイツ語の Öffentlichkeit との意味のずれは大きい。ハーバマスが継承する、プレスナーによる明快な定義については、触れたとおりである〔第6章第8節 (116頁注138)〕。

である。

　政治体系の観察とは、権力の媒介過程の観察であり、人が人を統御し支配する行為の関係を観察することである。市民、国民という人とは異なり、政党は政治に直接関与するための団体であり、人の拡張体である。それ自体が組織化され、その内部にもそれぞれの政治体系が備わっている。各種利益団体、労働組合、自発的結社も同様である。それらにも権力関係が内在する。

　政治家や政党と、そうした諸組織との関係は、組織票で政治家や政党を統御し、政治決定による利益分配に関与できる関係にもなる。モニタリングという自己観察と、癒着や利益供与との差異は、政治が、経済政策抜きに成り立たない関係である限り、媒体「貨幣」が関わることで、政策か利益誘導配分かの間で変質し腐敗していく可能性がつねにある。

　だから、政治は金権政治にならざるをえないとも言えるが、可能性がまだあるとすれば、政治体系の観察とともに析出する、新聞、雑誌、放送などのマス・メディアのそれであり、その多様性であろう。しばしば公正中立な客観報道と言われるが、これも政治体系が自己観察したその一部について言えることである。客観的であることも、発語内的力を帯びている。むしろ報道の客観性や中立性によって、政府、政治家、政党がその行動に影響を受け、また無視という形で、その影響を受けない振りをすることもできるが、市民の投票行動や抗議行動などに影響する。

　政治体系の観察を、言明として報道するのは、発話行為そのものであり、それは音表という発語行為のみならず、さる状況を構成する発語内的力、さらには発語が受け手に心理的はじめ種々に与える発語媒介作用を伴わずにはありえない。そこにおいて重要なことは、報道が、どれだけ言語的であるかということである。マルチメディアの時代においても、なお言語の言語性が維持されることが必要になろう。

3.「平和」という論点

　民主主義の要求は、統治に参加する、すなわち自分たちに関わる政治決定

に自分たちを代表する権利（被選挙権）、代表を選ぶ権利（選挙権）の獲得要求を典型としてきた。代表なくして課税なしである。こうした市民革命時代の市民生活の最低限の必要 (basic needs) は、物質的再生産の進展とともに、20世紀の間に、教え知らされた欲求 (informed desire) としてのよい状態 (well-being) 要求へと、例えば日本のような社会においては、変化していった。

決定参加という、最低限必要な実現要求である、かつての社会運動と、現在われわれが知っている「知ること」を求める公開性要求のそれとには、本質的に大きな相違がある。「知ること」の公開性要求は、教え知らされた欲求とともに多様化していくものである。

もちろん今も、決定に関わるために、街頭に多数の人々が、示威行動や抗議行動に出ないわけではない。しかし同時に20世紀をつうじての通信技術の進化とともに、新聞と雑誌という紙に書かれた文字媒体から、ラジオ、テレビ、インターネット、スマートフォンという多様な媒体を介した示威行動、抗議行動へと公開性要求は変容し、直接行動の参加実践は、文字以外も含んだ報道とそれの受動的視聴という実際へと変化し続けている。

讒謗律、出版条例、新聞条例で取り締まっていた時代とは異なり、コンテンツそのものも、国境を越えて制御することは、きわめて難しくなった。公開性要求は、今やボーダーレスである。新聞に代表される文字で論陣を張る批判行動と異なり、政治体系の観察は、ほんのイメージとしてだけ体験されることさえある。

「マニフェスト選挙」という現象は、弁論を前提にした討議による政治争点の主題化と、それに基づく世論形成が、きわめて難しくなったことをむしろよく示している。学習参考書のように、必修事項をラインマークする状況学習である。身体性と言語性の契機を織り交ぜた主題化、解釈、動機理解という螺旋循環のレリバンスのプロセスとは違っている。解釈や動機理解を欠損している可能性がある。

ポリスにおける徳の実現は、高度に情報化された欲望の体系である市民社会にあって、政治家のイメージと、その時の得票数によって、その後に続く一定期間の政治が決まるように変形されていった。選挙は、そのためのあた

かも入学試験のように見える。当然、こうした状況に呼応しながら、政治家、政党、そしてそもそもの政治はますます軽薄化し、利益代表とそのばらまきという再封建化[216]もそのままである。

　結果、政治体系を安定化させる試みとして、教育の再編が唱えられる。レリバンスの螺旋循環プロセス確認ではなく、蔵に入れたはずの「神話」を内容にした道徳教育や歴史教育の一元化が必要だと考えられ、「日本」というナショナル性に地歩を置いた「グローバル人」の養成がまことしやかに説かれる。

　とりわけアメリカ、ロシア、中国という「世界帝国」の間に位置する日本の位置が、そのことを脅威として、すでに消却したはずの明治国家理性具現化の焼き直しに妥当性があると大真面目に考える人たちさえいる。

　しかしながら、重要なことは、政治体系の自己観察は可能だが、これを外側から特定の視点で具現化し、さらに制御するのは不可能である。政治体系の自己観察により、さまざまな帰属主体が多様に析出することを忘れてはならない。そうでないと、先に述べた独裁者のパラドクスを行うことになる。

　一元的な具現化が難しいことは、社会的世界の四分節化を思い起こせば、理論的にもよくわかる[217]。すなわち、先行世界において起こったとされる出来事、「神話」の場合には先行世界にあったとされる物語を、それに対応する歴史的出来事や精神状況が現存していたものとしてリメイクして、現在から、後続世界へと投企するものだからである。これは、多元的な諸世界のほんのひとつの例でしかなく、それを好きか嫌いかの判断しか下せない代物である。現在ということも、すでに見たとおり、直接世界と同時世界とに分節化せざるをえない。提示されたものの見え方はそこでも多元的でしかありえない。

216： Habermas (1962), S.233, S.273.
217： 第4章第2節(46頁以下)で示した、シュッツ『社会的世界の意味構成』における社会的世界の四類型。シュッツ自身の関心に即して言うなら、彼がこの書を1920年代終わりから1930年代初めにかけてオーストリア、ウィーンで書いていた頃の政治状況、とりわけシュパンの復古主義を批判する理論的基礎として理解することができる〔森元孝『アルフレート・シュッツのウィーン―社会科学の自由主義的転換の構想とその時代』（新評論　1995年）470頁以下参照〕。

復古主義を唱える政治家とその取り巻き、勉強会など、サークル内の直接世界的関係において妥当だとしても、それを同時世界の水準に拡張することは不可能である。むしろそういうことが可能だとしたら、直接世界的関係が、同時世界全般にまで拡張されている状態であって、そうした事態は復古主義のきわめて異様な集合沸騰状態である。宗教性さえ帯びることになる。

　この種のリメイクは、多元的な世界のひとつでしかない、歴史ドラマというひとつの物語や娯楽としては可能だが、それを編成していく命題それぞれ、およびその体系が、どのような客観性と規範性、そして普遍性を維持できるかは怪しい。四つに分節化される社会的諸世界を、のっぺらぼうの単一世界として開示しなければならなくなる。

　雰囲気とイメージが先行するため、言説と位置とを論理的、整合的に理解し批評することが難しい時代にあって、19世紀的な意味での「国民社会」の輪郭が不明瞭となったとしても、唯一頼ることができるのは、具体的な内容を練り込んだ「歴史内容」の客観性、規範性、普遍性など、19世紀的なそれへの立ち戻りではなく、分節化された社会的諸世界の区別を明瞭に行い続ける視点の柔軟な可動性維持だけである。

　雰囲気とイメージだけで具体的な内容を伴わくとも、機械的に多数決はでき、為政者は後付けでその内容を文章化して具現化することは今も可能である。これに対して、政治体系の自己観察から析出してくる数多の人やその拡張体が、イメージ表象化していく政治体系の観察を、言語性の水準で言説化することはまだ可能である。それに基づいて議論し続けることが、復古調のコンベンショナリズムに陥ることなく、未だわれわれが遭遇したことのない国民国家以降の政治体系というポスト・コンベンショナリズムに接近できる唯一残された道のはずである。

　いわゆる護憲主義といえども、それが復古的ナショナリズムの色彩を帯びる可能性はつねにある。「日本国民は、正義と秩序を基調とする国際平和を誠実に希求し、国権の発動たる戦争と、武力による威嚇又は武力の行使は、国際紛争を解決する手段としては、永久にこれを放棄する。2　前項の目的を達するため、陸海空軍その他の戦力は、これを保持しない。国の交戦権は、

これを認めない」と、日本国憲法第九条の条文にこうあるから、平和国家なのだと思おうとする論理は脆い。

　この条文を可能にしている前提を遡及しつつ言葉で繰り返し問い続ける必要がある。「平和」は平和憲法の条文があるゆえに担保されるのではなく、その条文（命題）を可能にしている前提を問い、それがもたらした結果を徹底して言葉で問い続けることが必要である。

　仮に改憲するに際しても、それはたんに国会において改憲派が、三分の二多数を獲得し、国民投票で過半数を獲得すれば済むという問題ではないし、護憲を貫くに際しても、国会において三分の二多数、国民投票で過半数を護憲派が獲得すればよいという問題ではない。

　「平和」という言葉に対応する事態を問い返し続ける必要がある。この対応関係の問い返しは、無限の繰り返しとなる。その仮説前提は、無謀な戦争を政治と軍隊が引き起こしたということであるし、それに国民の多くが従っていったということである。外国軍隊の空襲により、日本のほとんどの都市が焦土と化したということである。兵隊として戦地に赴いた人のみならず、夥しい数の非戦闘員も命を落としたということである。そして敗戦したということであり、さらにその後も外国軍隊が特権とともに駐留しているということである。

　そしてその後の「平和主義」が、物質的繁栄をもたらし、日本人をエコノミック・アニマルとしたことである。

　「平和」を概念化する前提のひとつは、戦争の惨禍をどう見続けるかについて問い続けるということにある。これは形式の問題でなく、歴史物語でもない。過酷で悲惨な体験の集積のはずであり、その記録が「平和」を維持するために言葉するリソースのはずである。

　そして「平和主義」ゆえに存在する現在があるということである。経済的繁栄があったゆえに、物質的享受が可能となり、脱物質的情報化の中で生活しているという意味は認めねばなるまい。

　民主主義がきわめて形式化し、イメージ化した社会の中に置かれている現在、目を向けなければならないのは、つねに世界の各地で起こっている戦争

による悲劇であり、それがどこかの問題ではなく日本もかつて体験したことのある出来事だということである。この視線は、ナショナリズムを超える。

　日本の民主主義に将来を希望するなら、このリソースを絶やさず、過去を想起しそれについて感じ「平和」を論じる現在のあることを知る必要がある。それは復古主義やナショナリズムの「想起」とは違う。過去に目を向け追想し、今を脱構築することができる施設、催し、書物、映像は、少なくない[218]。それについて感じ思い「平和」を論じ続ける現在を絶えさせてはならない。そして、そうすることができる物質的余裕が、何に帰属するかも知ってなければならない。

218：「脱構築」については、第 6 章第 7 節 (111 頁) およびそこの注 126 参照。

11. 仮想通貨のリアル

　社会の形と同じように、経済の形を口で言うのは難しい。
　「市場経済」と言われ、それが「グローバル化」、すなわち地球経済化していると言われるが、それはどのような形をして、どのように変化していっているのかを言うのはさらに難しい。
　先ずは市場経済ということの、その一般論を概述してみる。そしてそれを構成していく媒体「貨幣」が、目下、電子技術の進化とともにもの凄い速度で共に進化 (co-evolution) しつつあること。そうした結果として、どのような世界が現出するのかを問わねばなるまい。
　ハイエクは、その晩年、1970年代に「貨幣発行自由化論」という独特の説を掲げた。それは、貨幣の発行権を国家から奪い自由化するという、究極の自由主義への道となるはずだった。しかしながら、それから半世紀の間に、ハイエクが考えた国家間の条約によってではなく、皮肉なことに科学万能崇拝のひとつであるかもしれないインターネットとともに生まれた島宇宙に棲息するコンピュータ・テクニシャンたちが作り出す仮想通貨の世界が、現実の経済体系を構成していく可能性を秘めている。
　そうした試みが一部現実化させていくこの急激に変貌する経済体系の帰属点には、どんな人が析出するのか思考実験してみたい。

1. 経済と市場

　市場経済という言葉があり、経済はイコール市場だとも考えられることも

あるが、市場は、ただちに経済ではない。むしろ、それは経済の外側、あるいはその裏側にあるとでもいうのが妥当かもしれない。そうした逆説的な関係に気がつかねばならない。経済は、「売る―買う」「渡す―受ける」などでイメージできる行為連関からなる体系であった。経済は、そうした行為連関で代表される行為体系のひとつであり、そこから分立させて経済体系だということになる。この経済体系、すなわちひとつの行為体系の帰属点には、われわれ現代エコノミック・アニマルが析出し棲息していると考えられる。

　この経済体系に対して、市場は、つねにその外側、すなわち体系に対して環境としてある。マーケットを、スーパーマーケットでイメージするように、値札のついた商品が並んだ空間内を移動しながら、欲しい商品をカートに入れていくことを思えば、市場を物の出し入れ空間のように考えることもできるが、市場ということの本質は、「売る―買う」という行為連鎖に連動していく、「高い―安い」という商品をめぐる価値判断の連鎖であり、これは経済体系の外側にある。

　必要と欲求により、商品をカートに入れることになるが、類似の商品価値を比較するときも、そして購入した商品を消費するときも、人は、そうやって判断した価値と、使った満足度をまた判断しているはずである。さる商品について、多くの人たちが判断する価値と、自分の満足度とが必ずしも一致するとは限らない。そして多くの購買者が抱く商品についての満足と、売り手がその商品に与えたい価値も一致するとは限らない。一致不一致は、その場、その状況での必要と欲求によっている。一物一価として、一商品に一価格が対応しているということだとされるが、本質的には状況依存的なことであり、わからないことである。

　「売る―買う」という行為連鎖を、「高い―安い」「得―損」という判断に連関させる重要な指標が価格であり、それを知覚し判断し、さらに行為に結びつけるメカニズムを可能にするのが市場である。「マーケット」という名称で市場の値動きを観察してみることはできるが、市場メカニズムそのものを物理的なまとまりとして完全把握することはできない。

　価格は、さる商品と対応して知覚されるが、売買されることにより数字が

変化する時間の関数という形で考えることはできる。売買という行為と、価値と満足度の知覚（体験）という別の水準間を行き来する飛躍(leap)は、決断（意思決定）されなければならない。買うことも、売ることも、まさしく決断の結果だということである。衝動買いは、決断の感覚化、行為の体験化ということでしかない。

　経済体系は、商品売買という行為と物流の体系であるが、この体系と市場との関係は、前者（経済体系）が後者（市場）を、価格という指標の変化をつうじてその中を垣間見るという関係である。中央卸売市場、証券取引場のような形で、売買を一括集中することで、値動きという価格の変化そのものを全般的に観察することはできるが、そこにおいて持続的にこれからを予測してみることは簡単ではない。時点ごと上下動する値動きの生起確率を、a_1, a_2, a_3,…とすると、

$$a_1 a_2 a_3 \cdots a_n = \frac{1}{2}a_1 + \frac{1}{2^2}a_2 + \frac{1}{2^3}a_3 + \cdots + \frac{1}{2^n}a_n$$

ということになり、ブラウン運動につうじるとされる[219]。

　1950年代半ばから1990年頃までの日本経済のように、国際関係が、冷戦構造によってかえって相対的安定していた状態を前提に、食料需給が安定し、人口が増加し、欧米先進国の既存の確立した技術を導入あるいは模倣し、それを前提に労働生産性を向上させていくことを所与にできれば、経済活動全般の増加傾向を趨勢として予測して、あたかも経済体系そのものを設計し予測してみることができたのかもしれないが、その前提と所与にしてきた諸要素がそれぞれ揺るぎ出すと、予測はほとんどの場合、不可能となる。

　さて、価格で見える物は、商品である。したがって経済体系は、商品の体系であり、この関係、すなわち商品の売買による商品の動きと、売買という行為の連鎖の関係で、この体系は成っている。

　商品とは、貨幣を媒介にした「売る―買う」という行為連鎖と、「取得―

219：Norbert Wiener, "Time series, Information, and Communication", in: *Cybernetics: or control and communication in the animal and the machine*, MIT Press 1948, p.61.

満足度」という体験連鎖との間を行き来する飛躍というメカニズムを前提にした、交換が可能な財 (good) のことを言う。言い方を変えれば、需要（必要）と供給（充足）との関係が、時間と空間により状況依存し、均衡と不均衡となることで希少性を発揮する財を商品（経済財）と呼ぶことができる。

　これに対して、希少性がない、すなわち受容（必要）よりも供給（充足）が　圧倒的に大きな場合、あるいはそもそもこの関係にならない財があり、これを自由財とも呼んできた。

　経済体系は、こうした希少性のある財と、これを売買する貨幣という媒体の関係からなっているが、この経済体系を、この商品を生産していく体系、あるいは消費していく体系として見ることもできる。19世紀の経済学者たちは、まさしく産業革命後の近代の工業化のプロセスを前提にして、土地、資本（あるいはこれらに労働も加えて）、生産に根源的な財の水準から、それが加工使用されて、最終消費財の水準への多段階の移行プロセスを生産過程として、経済体系を考えた[220]。

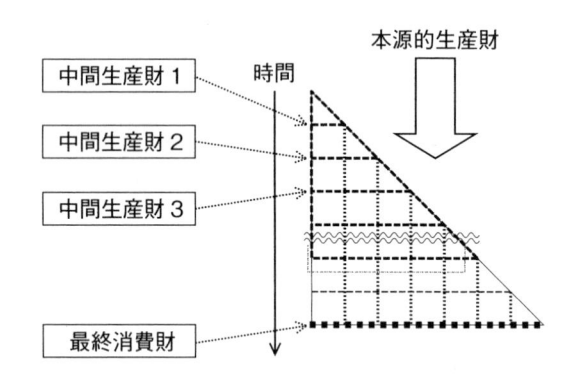

　土地に小麦の種を蒔く。小麦の種、肥料、労働力、製粉など、それぞれが使用された最終製品に至るまでの諸過程は、n次段階になっていて、それぞれの段階に第n次財として、各水準の財を考えることができる。例えば肥料

---

[220]: Hayek (1931), p.29（邦訳167頁）をもとにしている。森　元孝『フリードリヒ・フォン・ハイエクのウィーン―ネオ・リベラリズムとその時代』（新評論　2006年）第2章参照。

は、小麦が種から育ち収穫し小麦粉となり、さらに加工されてパンなどになるプロセスを考えたとき、ある段階の財として位置づけることができるはずである。

そうしたプロセスにおいて、かつての牛糞肥料に対して例えば化成肥料が発明されると、後者は、前者の代替財ということになるし、あるいは補完財ということもできるだろう。発明、発見は、生産過程における技術革新であり、それまでの段階を変化させ、経済体系を進化させるものとして考えることができた。例えば、水力に対する火力、火力における石炭に対する石油という関係は、こうした進化の歴史を示すものとなろう。

多段階の生産過程が、より深くより広がって最終消費財へと至るイメージが、経済の拡大と考えることができたし、それにより最終消費財のみならず、中間生産段階の生産物の種類も多様で長くなっていくことが（迂回）、経済の可能性を拡大するものと考えられた[221]。

しかしながら、経済過程が深く広くなるということは、すべての段階におけるすべての需給関係が同時に均衡し、また瞬時に次の均衡に達するという状態がない以上、プロセス内の貨幣と財の流量は、価格知覚から売買という行為へと飛躍していく決断のタイミングの差異により、一様ではなくなろう。生産と消費とを計画実施したくとも、知覚と行為の連関は人が介在しているゆえに、そう簡単で単純なことではない。

こうした単純でないことは、計画的に実施しない場合も同じである。しばしば、ある商品が、特定の販売店、販売サイトから特定の価格でのみ販売されることも状況依存的なことのようにも見えるが、その商品を別の商店で、より安い価格で売れないようにするためには、あるいは自分のところで、より安い価格で売れるようにするためには、一定の圧力、すなわち力により、人にそうさせないことが必要となる。

すなわち、貨幣を媒介にする経済体系とは別に、権力を媒介とした政治体系により人の行為と体験にかかわる意思決定を統制する可能性がつねにある

221：第6章第2節(88頁)参照。

ということである。やはり人がいるから、そうなるのである。そして、人とはそういうものである。

　一国経済すべてを国家統制しようとする場合もあるが、経済体系が広く深く大きくなるに従い、生産、資本、労働、消費の経済体系の下位体系とともに、それに対応する部分市場を考えることができ、総体を一様に作動させることは通常たいへん難しく、ありえないことである。

　原油採掘、発電、鉄鋼など工業生産の基礎となる経済の部分体系があり、その環境に生産市場があるように、銀行、証券など金融という経済の部分体系とその金融市場があり、雇用と賃金、福利厚生という労働条件をめぐる経済の部分体系とその労働市場があり、消費と流通の部門が経済の部分体系となり、その消費市場がある。

　これらは、1980年代後半頃まで一国の経済体系における部分体系およびその環境にある市場として区分可能であったかもしれないが、各国の経済体系の部分体系が、それぞれ国境を越えて結びつくことにより、それぞれの市場もグローバル化、すなわち地球経済化していくことになった。

　こうした地球経済化は、ひとつには貨幣が本来備えている基本性質によるものであり、今ひとつには通信工学の進化によって、情報と時間の関係が変化したことによるものである。

2. 貨幣と流動性

　情報は、認知構造の変化ということであった。言い換えれば、見方や考え方が、それにより変化するということである。

　例えばロマン・ロラン『魅せられたる魂』という長編の大河小説をひとり読み通して、物の見え方、世界について、そして人についての考え方が変わるというのも情報であるが、ツィッターに流れる140以内の文字に、幾万のフォロワーが生まれ、数日のうちに夥しい数の人の認知構造が変わるというのも情報である。

　さて、日本では1950年代後半から1980年代にわたって大量生産大量消

費の関係ができあがっていった。生きるに最低限の必要 (basic needs) の水準を超えると、人は得た情報により新たな欲求 (informed desire) を抱くようになる。テレビがなければ、そしてそれをつうじた種々の番組がなければ、それまでなかった欲求が、新たに生まれることもなかった。自家用車がなければ、余暇にドライブという選択はないし、郊外レストランへ行って家族で夕食という選択肢もなかった。この種の教え込まれた欲求は、やはりリフレクシブであり終わりがない可能性がある。情報社会とは、限りなく選択肢がある社会である。

通信技術の進化、交通手段の発達により、欲求―満足の時間は短縮可能となった。長編大河小説を自ら読むよりも、テレビ番組の方が寝転んで眺め、流しっぱなしにして他のことをしながら楽しむこともできる。読書という能動性に替わって視聴という受動的な情報取得が可能となっていった。

出版、放送は、発信主体と購読者あるいは視聴者という関係が、1対nというそれであったのに対して、インターネットは、n対nの関係になっている。情報の受け手であると同時に送り手にもなる可能性において平等性が実現したということになる。

教えられた欲求（informed desire）に馴致された情報社会の人は、関心を持つ人誰もがすでに知っている、あるいは知ることになる情報を求め、かつてはパーソナルコンピュータのディスプレイをつうじて、今はスマートフォンの画面をのぞき込み、間もなくウェアラブルデバイスなしには生きていくことができなくなろう。

いわゆる直接世界、同時世界、先行世界、後続世界の関係の仕方が、20世紀後半までとは大きく変化した時代に今あるということになる[222]。シュッツが理論化した社会的世界の時制と距離は別次元で展開され、超越性についてその第四水準を考えねばならない時代にいる[223]。

より一般化した（していく）コンテンツを求めようという情報社会におけるこうした人のパタンは、より価値があり満足度のある商品を求めようとい

---

[222]：第4章において詳述したとおりである。
[223]：第7章第2節(132頁以下)参照。

う経済活動と連関している。現代では、富の蓄積だけ、交換の一般性を保証する貨幣を蓄積することが信じられているが、これは誰もがまだ知らないと思いながら、実はすでに誰もが知っている情報の取得に向かう情報社会の欲求性向とよく似ている。

　媒体として貨幣は、経済財の交換に際して、最も一般的な交換性能を有することが求められる。貨幣の本質機能は、それが他のどの商品とも交換することができるということにあった[224]。したがって、生鮮食料品のような商品が時間とともに劣化し、工業製品が時間とともにポンコツとなるのとは違って、より一般的な交換性能をつねに持っていることが貨幣であり続ける条件となる。言い換えれば、流動性選好の高い貨幣あるいは商品が、それに劣る貨幣に取って替わるという一般法則があるということである。

　もっと付け加えれば、商品利子率は負になるのに対して、貨幣利子率は絶対に負とはならない[225]。言い換えれば、負となったときには、それはすでに貨幣とは言えないということである。商品利子率が負になるとは、例えば生鮮食品は時とともに鮮度を落とし腐っていくというのを考えれば意味がわかろう。貨幣価値が、インフレにより極度に落ちていくことになると、その貨幣は、貨幣としての存立意味を失うことになり、それに替わる商品、例えば貴金属、宝石、他の国の通貨などが貨幣となるはずである。

　だから、ある政府がいかに厳しく自国通貨の使用を強制しても、自国通貨よりも高い交換性能を有した媒体が手に入れば、たとえ自国民であっても、その国の通貨を使わず、命賭けであっても、闇で外国通貨や貴金属、宝石などで商取引をすることになるのである。そうしなければ、自給自足が可能でないかぎり、人間は生きていけないからである。そして、そもそも自給自足状態であれば、貨幣は不要であった。

　交換性能とは、貨幣が経済体系内を流れるように使用されるという、その流動性ということである。そしてそれへの選好の高低が貨幣を淘汰する可能性になるということである。これは、情報の伝播、流通、普及と似ている。

---

[224]：第6章第2節 (91頁以下) 参照。
[225]：Keynes (1936), 356. (邦訳357頁)。

認知構造を、よりリアルに変化させていくことに、情報の価値があった[226]。

　貨幣には、価値保蔵性という機能がある[227]。1971年8月アメリカ大統領ニクソンの決定によりドルと金の交換が停止した。その時まで米ドルが兌換可能で、金と交換することができた。しかしながら、戦後四半世紀が経過して、西ヨーロッパや日本の通貨の価値が上昇し、米ドルの貨幣が相対的に下降したにもかかわらず、各国通貨とドルを固定相場のままにしてきたことにより、それらの国々が貿易黒字として得たドルを、せっせと金に換えていき、アメリカ国内の金が目減りしていくことになった。

　ドル＝金本位制は、金が、価値の基準にあるということが前提となっていた。しかし、この停止の後、1973年から日本を含む当時の先進工業各国は、変動相場制を取るようになった。すなわち各国通貨の価値は、各国の経済体系の状態により支えられ、かつそれぞれの状態により変動するということになった。これは同時に、各国通貨間の為替市場が形成されるということでもある。為替そのものが商品となり、市場が形成されたということである。

　この関係は、20世紀後半までは、各国の国際業務を取り扱う銀行間の郵便あるいは電信による決済で成立していた。しかし現在ではコンピュータのネットワークの関係でそれが成っている。そして、貿易による輸入品の料金受け取り、輸出品による料金受け取りという商品水準の問題以上に、通貨を他の通貨で売買する市場が広く大きく形成されたということである[228]。

　ここにおける問題は、通貨そのものの価値というよりは、その貨幣がある一定時間内の将来にわたって持ち続ける一般的交換の性能が、その価値となっている（あるいは、なるにすぎない）ということである。そして、こうした時間化された一般的交換の性能を有した財、すなわち為替およびその派生商品の売買により市場が形成されているということである。こうした市場の形成は、一国における資本市場、すなわち一国における貨幣の流れを調整す

226：第5章第4節(74頁以下)参照。
227：第6章第2節(89頁)参照。
228：この結果として、ケインズの時代とは異なり「貨幣利子率は絶対に負とならない」(前述188頁)ということも言い切れなくなった。すなわち貨幣が商品となったということである。

るための銀行制度を、大きな変更をさせていくことにもなった[229]。

　国民経済体系としてそれが一国で閉じている場合には、財政政策を打ち出して公共投資などとして財政支出を増加させ国民所得を上昇させ、それとともに金利を上昇させることも可能な選択肢であった。

　しかしながら、地球経済化した、言い換えれば閉じることのできない開いた経済体系となると、国民所得の上昇という情報よりも先に、上昇すると予測された金利を目当てにして海外から資本が入ってくる。そしてそこの通貨が買われその通貨の価格が上昇していくことになる。金利は、その通貨が買われることにより下落していく。さらに追加して財政支出を実施しても、同様に金利が下がっていくことによって、長期にわたって国の財政赤字はそのままとなり、かつその国の通貨が高いために輸出も不利のままで、結果として国民所得は減少していくことにもなる。地球経済化した世界では、かつてのような財政政策は難しくなってしまった。

　こういう古典的財政政策の繰り返しの失敗の後に、急激な金融緩和を行うと、マネーサプライが上昇し、すなわち経済体系内の貨幣量が増加し、その結果、金利が低下する。それが世界の基準と考えられる金利よりも低い場合には、外国資本がその国の通貨を売り、その国の通貨安となっていき、輸出が有利になり国民所得も増加すると期待される。アベノミクスは、そういうことであろうが、これ以後のことはわからない。

　こうした想定は、資本市場が地球経済化する以前と以後を区別した、国家の経済政策の大きな相違を示してはいる。日本国は、2010年代になってようやくそういうことに気づいたということなのかもしれない。

　海外投資家は、ある時間においてヨリ有利な通貨、すなわちある時間においてヨリ流動性がリアルな通貨を選択しようとするのである。経済体系を稼働させる最も重要な商品が、物品ではなく、為替と呼ばれてしまう貨幣あるいはその派生体となっていったということでもある。

　こうして資本市場が変化することにより、これがそれまでの一国の経済体

---

[229]：これについては、森　元孝『貨幣の社会学―経済社会学への招待』(東信堂 2007 年)を参照。

系の作動、すなわち貨幣に備わった流動性により、この体系を稼働させてきたわけだが、その作動を前提にしてさらに稼働していた下位の諸々の体系に直接に影響が出てくることになる。下位体系と考えられる個別の経済体系にそれぞれ対応すると考えられる生産市場、消費市場、労働市場をも大きく変化させていくことになった。

　こうした関係は、国民経済という体系のみならず、そこでのプレイヤーである企業にも同様に対応を迫ることになる。工場およびそこでの雇用者を海外に移転することも、1990年代から日本の多くの企業が行ってきた方策である。1980年代末まで、メイドインジャパンで製造されてきた商品が、より資本調達が有利で、より工場建設が有利で、そこで働く従業員も会社にとって有利、すなわち人件費を低く抑えられる場所に、生産は移転されていくことになる。

　しばしば多国籍企業と呼称されるが、よく考えれば、そもそも企業というものが、あるひとつだけの国籍を持たねばならないものでないことも確かなことであったはずである。さらに言えば、経済活動は、一国のもとで行われなければならないものだったのかどうかということでもある。この種の19世紀的な国民国家論と国民経済学にある「この国の経済」「この国の企業」というコンセプトは、日本では今も強く残り続けてはいる。

　しかしながら、それにもかかわらず、これからの時代にあっては、最も重要なことは、貨幣を選択するということになろう。それは流動性の選好という、人の教え込まれた欲求 (informed desire) によっている。

　一国の政府が貨幣の発行を独占するというのは、まさしく19世紀の国民国家主義に支えられた富国強兵論でしかないとも言える。これに対して、20世紀後半の経済の地球化が教えていることは、スーパーマーケットの店頭に外国の日常品が並ぶというレベルの地球経済化というようなことではない。

　そんなことではなく、一国が発行権を独占してきた通貨そのものが競争にさらされるという自由主義経済の徹底ということに対応できる必要があるということであろう。日本人は、公的年金を老後受けることになっているが、その年金基金は、国民各自が若い時から収めてきた金額が金庫に保管されて

いて、それを老後、引き出して使うというものではない。年金基金は運用されており、それは最もパッシブになされる場合も、国内証券、国内債券、外国証券、外国債券からポートフォリオを編成してなされているのが1990年代後半以降のリアリティである。

円で拠出した年金が、外国通貨建ての証券や債券で運用され、その為替差益による損得、あるいは為替差益をヘッジすることでリスクを回避し利益を確保しようとすることは、普通に行われていることは知らねばならない。日本国の公的年金も、外国証券や外国債券で運用されていても実は普通のことだということである。貨幣自体が売買される商品だということを知っていなければならない。

と同時に、産業社会において財は、正財 (good) として、人間生活に恩恵をもたらすものとして考えられてきたが、化石燃料を用いた工業化による二酸化炭素等による地球温暖化は、人間生活の基礎的必要 (basic needs) さえ脅かす可能性が出てきた。温暖化による極地の氷融解による海面上昇、異常気象の原因など未知の問題との対応を、産業化以降の人間生活として組み立てていく必要もある。

この点では、工業化とともに排出されるだけの二酸化炭素さえも商品として、この場合、まさしく負財（bad）を財として取引することが、京都議定書以降、カーボン・マーケットとして二酸化炭素の排出権取引が試みられてきた[230]。貨幣という商品の交換媒体そのものが商品となること、商品製造に伴い産出する廃棄物が商品となるということ、あるいは天候のようなものが商品取引の対象となること、すなわち商品性ということの拡張が、脱産業化と高度情報技術社会による人間社会の新段階で考案され尽くさなければならない考える必要がある[231]。

230：Anthony Giddens, *The Politics of Climate Change*, Cambridge UK 2009.
231：このことは、核廃棄物についてもあてはまることであるが、これについてはここでは扱えない。

3. 地球経済体系の帰属点

　経済自由主義の徹底、いやその純粋型を得ようとすると、諸貨幣間の自由競争に行き当たる。複数貨幣の競争による経済自由主義の徹底というアイデアは、ニクソンショック後、変動相場制へ先進工業国が移行していくプロセスで具体化していったヨーロッパ共同通貨、のちのユーロが構想され出した頃、ハイエクが「貨幣の脱国家化」として有名な理論を展開した[232]。

　ヨーロッパ共同通貨というものが、実は貨幣国定説というナショナリズムの拡大にしか過ぎない。それゆえに、その時代には奇想天外なハイエクの発想、すなわちヨーロッパ諸国のみならず北米諸国も含めた国々の条約取り決めにより、この領域における銀行業を自由化し、通貨発行権もその自由銀行それぞれに与えるというそれは、たいへん斬新であり、経済社会の行く末をよく見抜いたものであった[233]。

　自由銀行の発想は、国家が貨幣発行権を独占し中央銀行にその権限を授けるとともに、マネタリーベースのみならず、公共投資にも裁量を振るう国家の横暴を断ち切ろうということでもあった。

　この提案がなされた 1970 年代とは違い、世界の銀行間のコンピュータ・ネットワークのみならず、各個人、各企業がインターネットに自由に関わることができる現代を考えれば、いわゆる紙幣、硬貨という形式ではない、電子情報が貨幣そのものの機能を発揮し尽くす世界内にいることになった。

　情報は、認知構造の更新だと述べたが、貨幣が備えている「支払い手段」「価値保蔵手段」「計算単位」という機能を、紙幣や硬貨とは違った素材で実現することができれば、実はそれでよいのである。

　コンピュータ・ネットワーク上で、期日に支払い決済が行え、財布の中、

---

[232]: Friedrich von Hayek, *Denationalization of Money –An Analysis of the Theory and Practice of Concurrent Currencies,* London; in: CW, Vol. VI, 1999, pp.128-229.〔池田幸弘・西部忠訳『貨幣論集』（春秋社　2012 年）37-212 頁〕．
[233]: 森　元孝『フリードリヒ・フォン・ハイエクのウィーン』〔森 (2006)〕第 7 章で詳述した。

あるいは預貯金の形で価値保蔵ができ、さらにこれらの計算単位として機能すれば、何も紙幣や硬貨でなければならないことはいっさいない。すでに、クレジットカードやデビットカード、スイカなどの電子財布においてすでに貨幣は電子情報化されているし、近い将来にも、それらはもっと重宝なウェアラブルデバイスになる可能性があり、身体そのものに内蔵されることもありえないことではない。

　ただし、問題があるとしたら、それは貨幣発行量の基準が何にあるかということになろう。ハイエクの理論は、貨幣商品説を前提にしていた。もともとハイエクによれば、貨幣は商品なのである。ただし、それゆえに貨幣は、それが代表している商品に支持されている必要があった。

　自由銀行の設立が法的に許可され、発券、預金、貸出などの業務を行うようになるに際して資本として準備高が必要となる。その必要は、国家が保証するというのではなく、自由銀行それぞれの設立者各位がそれを担保しているということである。それに基づいて可能な通貨発行量を示し銀行業務を行っているということがすべての前提である。

　ハイエクは、この担保を、新聞はじめマス・メディアによって、自由銀行の信用業務のモニタリングが同時に進行されていくだろうから、それにより本来の実力以上の通貨発行をする銀行は淘汰されていくことになるという抑止力で保証されるだろうと考えた。

　実際、クレジットカード会社と、世界展開している書店での図書等の購入の決済を思い浮かべてみれば類似の状況を想像してみることができるかもしれない。

　日本に居ながら、アメリカにサイトを置くインターネットの店舗にある商品をドル建てで購入するが、その時点で、日本円に計算され、日本の銀行口座により決済される。この場合、その商品について二種類の通貨が並行してあったことになる。これは、商品購入者が持つ日本の銀行口座から、クレジットカード会社を介して、アメリカにサイトを置くインターネットによる販売店が持つアメリカの銀行口座へ送金していることなのだが、これが可能となるのは、世界規模で商売を行っているクレジットカード会社への「信用」と

いうことである。

　ある日本人がドイツに住み、アメリカにサイトを置くインターネット書店から書籍を購入し、支払いは日本にある銀行口座から、アメリカに送金するということも可能である。クレジットカード会社は、購入者に対して書店が発行した請求明細に従い、とりあえず立て替えて支払い、後に購入者の銀行口座から立て替え分返済を受ける。クレジットカード会社が購入者に対して発行する利用明細は、立て替え分の借用書ということであり、翌月以降に購入者の預金において決済される。

　こうした関係は、ビットコインのような仮想通貨の仕組みになると、クレジットカード会社のような存在も消えゆき見えなくなり、貨幣だけが流れているようにも見える状態になる。クレジットカード会社への「信用」というのが、世界規模で商売を行っている名の通った信販会社だということだとしても、こうした「信用」に付いた括弧が示す事柄こそ曲者である。

　仮想通貨において、購入者と信販会社の貸借関係が省略され、購入者が、直接、ビットコインのような仮想通貨によって相手に支払いを行うことは不可能なことではない。もちろんこの場合に、貨幣の二重使用 (double-spending) を不可能にする仕組み、そしてそのための高度な技術が必要だということもあるが、重要なことは括弧がついてはいるが、この「信用」が、まさしく何かにより調達できればよいということなのである。

　電子情報の典型的特徴のひとつは、その情報を簡単に複写することができるということだろうが、これを絶対不可能にするために、ビットコインのような仮想通貨の場合には、掘り手 (miner) と呼ばれる人が、支払い貨幣の使用記録を残す仕組みがコンピュータ技術により設定されている。

　ファックスにより壱万円札を十度転送しても、それが10万円とはならないのは、紙幣とファックス複写とが、印刷と紙において明らかに違うことが人の目でわかるからである。これと同じことが、電子情報化された貨幣、すなわち仮想通貨による送金においても施されているということである。

　さて、掘り手、言うならば金鉱での掘り手というイメージだが、この人たち、またこの仮想通貨という貨幣を利用する人たちにとって、例えばビットコイ

ンのような仮想通貨が、一国の通貨や各国間の通貨体制をひとつの公共財として考えるなら、それらに対して競合性を備えた一種の集合財という存在意味を担っていることになる。

　ビットコインは突如として注目され、日本では、その取引所が突如として崩壊していったが、同種の仮想通貨は、情報化社会と金融化社会とが、これからも間違えなく共に進化していく以上、これからもいくらでも生まれてくる。これはどのように国家統制しても生まれてくるはずのものであり、言ってみれば新しい経済自由主義の運動のようなものかもしれない。

　これが、ハイエクによる貨幣発行自由化論のより進化した21世紀型での実現として見ることができるかどうかも問わねばならない事柄であるが、電子技術と共に進化していく仮想通貨というアイデアの実践は、どのようにしても絶やすことはできない。

　というのも、そもそも「信用」というものが、ある瞬間における飛躍により、いつでも生まれてくる可能性があり、誇張と圧縮に支えられているはずだからである[234]。貨幣を媒介にした「売る―買う」という行為連鎖と、「取得―満足度」という体験連鎖との間を行き来するメカニズムは、つねに飛躍でしかありえないものである。だから、為政者となる人は、これを統御し支配したくなるのである。

　国定貨幣ではない、ある貨幣が、それを用いる人の共同体を構成していく可能性があるのは、すなわちこれがひとつの通貨として効力を発揮するのは、それが通用するからという利用者の信念もあるが、それ以上に、現存する各国通貨そのものがすでに商品競争の状態になっているからでもある。貨幣はすでに商品だということである。

　地球規模での資金移動に際して、銀行間のコンピュータ・ネットワークを介して送金するよりも、有利であるということで、既存の通貨と有利な競争位置を確保できる可能性が存在するということである。こうした状況が発生する限り、国定貨幣ではなくても信用基盤が厚くなる可能性はつねにあり続

---

[234]：第3章第2節(32頁以下)および第7章で詳述したとおりの形式が、「信用」の場合にもあてはまるはずである。

ける。貨幣を介した交換において、信販会社、商業銀行、中央銀行が、原理上、絶対不可欠なものではないからである。

　各国通貨は、それぞれをその通貨を使用する通貨共同体と見ることができるし、世界規模の信販会社が発行しているカードは、そのカード共同体と見ることができる。そうした共同体に参加するのは、通貨共同体の場合には通貨が国定、国家保証されていると信じることができるからであり、また信販会社のカード利用にはその効用があるからである。

　こうしたことは、仮想通貨の場合にも同じはずである。ある仮想貨幣の共同体に参加する成員は、参加することで得られる利得があるということである。これは、ある国家の国民であることの利得、世界規模の信販会社や銀行の顧客であることの利得と同様であろう。便利で費用や負担がかからず、利得が大きければ、人というものは、それを選択する。

　その共同体に参加することで得る利益が大きく、それと同時に、この共同体の利得自体も大きくなっていく関係を支えていくとしたら、その共同体は栄えるはずである。それは、たいへん古風な古典的な功利主義的な自由主義であり、参加者個々の最大利得が、共同体全体の最大利得だということである。

　それゆえに、さらなるテクノロジーをめぐるインセンティブへの投資が進み、情報社会が、さらに高度に進化し、仮想通貨を前提に非国定貨幣による地球経済体系がいっそう広がっていく可能性が考えられるということである。

　こうした進展が、果たしてハイエクの貨幣発行自由化論の趣旨と合致するかどうかは問い直す必要はある。思い出さなければならないのは、ハイエクの提案は、ヨーロッパ共同貨幣の構想が出た 1970 年代であり、そのときの中立国を含む西ヨーロッパと北米という地域が限定されていたことである[235]。

　面白いのは、ハイエクの貨幣発行自由化論では、それにより、国家財政の裁量主義を止めさせられる諸国家は、これらの地域の国々に限定されていたということである。このことは、後年、EU が拡大していった結果生じた、国家間の財政格差という問題をよく示している。

235：Hayek (1976/78), p.132.(邦訳 45 頁)。

1970年代にハイエクが提案した当時、ギリシア、スペイン、ポルトガル、キプロス、東ヨーロッパ諸国からの参加は前提にはなかった。西ヨーロッパ、北米とともに参加が前提とされている中立国というのは、スイス、オーストリア、スウェーデンということであろう。そうした国家あるいはネーションの区別は、実はこの貨幣発行自由化論の前提であったように読める。この見えなかった前提が、地球経済化とともに今や鮮明になってきたということである。

　このことは、逆に言えば、ビットコインのような仮想通貨が、急激に普及していった国々にまさしく特徴があるということでもある。固定相場制度を強く維持している国々や、国家財政が深刻な状態にある国々において、相対的に普及していったのは偶然ではないであろう。

　これは、諸貨幣の競争に他ならないが、国家統制とグレシャムの法則の関係をよく表している。まさしく、貨幣による交換が、資金洗浄も含めた資金移動に寄与するということになっているとも考えられるのである。

　たしかに流動性選好が働いて、この仮想通貨を選択しているということにはなるが、そこにハイエクが抱き続けたような脱国家化への意志がどのようにあるのかは、きわめて疑わしいだろうということである。

　超国家化を進めたEU経済における中心と周縁、さらに世界経済における中心と周縁という現実を踏まえると、脱国家化の意志を、流動性選好による貨幣間競争により代替するのは、おそらく難しいだろうということである。グレシャムの法則の帰結は、市場の二重化、闇市場の発生ということであり、そこに仕切屋が跋扈するということでもあった[236]。

　極論をすれば、資金洗浄のための貨幣競争の利用であるのなら、それを取り締まる、さほどひどくなければ多少の独裁国家のほうがまだましだという選択も生じ、貨幣国定説が今も維持されねばならないということにもなろう。

　ビットコインは、各国がどのように規制をしていくかということについ

---

[236]：これについては、ルートヴィヒ・フォン・ミーゼスの議論に依拠している。森　元孝『アルフレート・シュッツのウィーン―社会科学の自由主義的転換の構想とその時代』(新評論1995年)115頁以下参照。

て注目されているうちに、これ自体が日本においては一時的に頓挫してしまうことになったが、同種の仮想通貨の試みはこれからも出てくるし、国が完全統御することは不可能である。そして、そうであるにもかかわらず、これを取り締まる必要があるとして、国家必要説がつねに存在し続けるであろう。しかしそれでも仮想通貨は進化し続け、そのうちに優勢になるであろう。

　社会的世界に遠近関係があり中心と周縁がつねに社会にはできあがるという、古典的な社会の投影図は[237]、シュッツ以来、社会の健全型として今も捉えられる可能性が高いが、通信技術と貨幣経済とが共に進化することが、この社会的世界の基本構成を変化させ、物理的遠近感のない仮想直接世界に人を配置することになろう。それが、ハイエク流の自生的秩序であるかどうかは、さらに考察をせねばならないが、地球経済化の進展は、その体系の周界に現代のハイテク穴掘り職人が、やはり競争とともに棲息し、この人たちが生み出した技術を、ウェアラブルデバイスを着たエコノミック・アニマルが感覚のみで棲息させられている状態ということになろう。

4. 仮想直接世界の論理試論

　シュッツが捉えた古典的な社会的世界では親密性と匿名性により遠近感が生じるゆえに同時世界と直接世界とが分節化する。これは事実であり、それゆえに、オルソンは小集団の問題として、集合財と所属成員との最適利得量を考えたが[238]、仮想通貨共同体の場合、地球規模にもなるが、インターネットを介した peer to peer の関係を基礎としていることから、いわゆる小集団ではないが、直接世界的関係と同様の論理展開が可能であるのではないかと考えられる。このこと自体、さらに検証を要するが、これを前提にすれば、オルソンにしたがって、以下のようになると考えられる。

　当該仮想通貨共同体全体の利得 P_c は、

---

[237]：第4章で詳述した。
[238]：Mancur Olson, *The Logic of Collective Action,* Harvard University Press 1965, p.22 ff. 依田 博・森脇俊雅訳『集合行為論』（ミネルヴァ書房　1983年）20頁以下。

Sc: 仮想通貨共同体の規模 (size of community)、

Ts: 集合財としての当該仮想通貨が得られる技術進化の速度あるいは割合 (technology speed) とすると、次のようになるはずである。

$Pc = ScTs$

Fi: 仮想通貨共同体成員の利得割合とし、

Pi: 仮想通貨共同体成員個々の利得とすると、次のようになる。

$Fi = Pi/Pc$

Ai 当該仮想通貨獲得総量がもたらす共同体成員個々の純利益、

Pi: 共同体成員個々の利益、

Ci: 共同体成員個々の費用とすると、

$Ai = Pi - Ci$

当該仮想通貨が得られる技術進化が変化すると、

$$\frac{dAi}{dTs} = \frac{dPi}{dTs} - \frac{dCi}{dTs}$$ となる。

ただし、$\frac{dAi}{dTs} = 0$

すなわち、共同体成員個々の純利益がなくなる場合、あるいは当該仮想通貨を得られる技術進化が大きく変化すると、

$Pi = FiScTs$ であり、 $FiSc = \dfrac{P_i}{T_s}$ であるので、

$$\frac{d(FiScTs)}{dTs} - \frac{dCi}{dTs} = 0$$

$$FiSc - \frac{dCi}{dTs} = 0$$

$Pc = ScTs$ であるので、

$$Fi\left(\frac{dPc}{dTs}\right) - \frac{dCi}{dTs} = 0$$

$$Fi\left(\frac{dPc}{dTs}\right) = \frac{dCi}{dTs}$$

$$\frac{dPc}{dTs} = \frac{1}{Fi}\left(\frac{dCi}{dTs}\right)$$

　これは、仮想通貨共同体の成員が獲得する当該通貨からの最適利得関係ということのはずである。

　仮想通貨共同体の利得率（dPc/dTs）は、参加成員個々人の費用の増加率（dCi/dTs）を、その参加成員個々人への利得分配率（Fi）により除したものということになる。

　共同体の利得増分は、成員負担が小さいか、分配率の大きさに依存するということになるように読める。すなわち、負担が大きくても分配率が大きければ共同体は成長する可能性があるということなのであろう。ただし、決定的に重要なのは、技術進化がどのようなリアリティを提示するかである。さらに今ひとつ、peer-to-peer を、face-to-face の直接世界の仮想と考えてよいかどうかである。

あとがき

「日本の進化（欧化）と立身出世主義とはいろいろな意味でパラレルな関係にある。田舎書生の〈進化〉の目標は、まさに〈日本の中の西洋〉である東京に出て大臣大将への〈段階〉を上昇することにあった。欧化は日本の〈立身出世〉であり、立身出世は書生の〈欧化〉である。二つのシンボルは〈洋行〉において文字通り合一する」239。

高度経済成長とともに仕事に生きた転勤族の子であった私は、小学五年生夏から中学三年生夏まで住んだ東京に、大学のために再び出てきて、それ以来まさしく「社会学」を学ぶということで欧化の真似事をやり続けてきた。

『アルフレート・シュッツのウィーン―社会科学の自由主義的転換の構想とその時代』（新評論 1995 年）、『フリードリヒ・フォン・ハイエクのウィーン―ネオ・リベラリズムの構想とその時代』（新評論 2006 年）は、洋行において合一する勉強のための勉強であった。しかしながら、デュルケーム、ウェーバー、パレート、アドラー、ミーゼス、ケルゼン、パーソンズ、ハイエク、シュッツ、ルーマン、ハーバマス、ヴェルマー、ベッカー、エスポジトら、大いに学ぼうとしてきた社会科学における欧米の知的巨人たちの知性と比べると、自らの知的バックボーンのあまりの貧弱さを今の今に至るまで思い知りながら、それを補完するには、ああいうなぞりの方法しかなかったようにも思っている。

ただし、洋行はやはり必要でもあった。私は、留学にはほど遠くたいした

239：丸山真男『日本の思想』（岩波新書 1961 年）26 頁。

勉強もせず馴れることで精一杯だったが、憧れて訪れたオーストリア、ウィーンで、1980年の初回から延べ三年を超える滞在は、きわめて多くの文物を学び教わり、何より生涯の友たちに出会うことができた。視点を、さまざまに移動させ停止させ、さまざまに論理を探求することができるようになっているとしたら、そのささやかな冒険があったからだと思っている。

いわゆる「調査」研究なるものも、ほぼ切れ目なくやってきた。『逗子の市民運動—池子米軍住宅建設反対運動と民主主義の研究』（御茶の水書房1996年）は、アンケート、インタビューによる厚みのある経年の実査にもとづいてできあがったものであるが、「新しい社会運動」というまさしくドイツからの輸入概念を、日本にあてはめようとした典型的な欧化のそれでもあったのかもしれない。

この流れでの経験的研究、すなわちテレビ、新聞など、とりわけ卒業していった優れた教え子たちのそれら業界での充実した仕事に比して、その速報性では比べものにならぬほどの遅さに耐えつつ、理論性と論理性で存在意味を切り出したいという私の経験的研究は、間もなく『亀裂の弁証法　—現象としての石原慎太郎』（東信堂　近刊）として世に問う。ただし、これも「ポピュリズム」という欧化概念がそもそもの発端にあった。

しかしながら、これら経験的社会研究についても先の理論史研究どれについても、本書の論点を踏まえれば、せいぜい身の程知らずの誇張であったと言わざるをえない。それらに対して本書が、圧縮を試みたものとなっていれば幸いである。

故丹下隆一先生に始まり、故秋元律郎先生、故山口節郎先生、新睦人先生、富永健一先生、佐藤嘉一先生、佐藤慶幸先生には、学生時代のみならず、教員になってからも、たくさんのことを教えていただいた。先生方の業績に、少しでも近づいているとしたら幸いである。

教員になって30年近くなるが、具体的な時事論題を、広い意味での社会学の主題として取り上げ、若い知性たちと大いに議論をすることが私の知的活力の源であり続けてきた。そういう点で、1987年以来現在に至るまで、早稲田大学第一文学部社会学専修、第二文学部社会専修および思想・宗教系専

修、そして 2007 年からそれらの継承学部である文化構想学部社会構築論系の、とりわけ攻撃性に富んだ学生諸君と議論をし続けることができたことについては、何よりも有難いことだと感謝している。

本書は、そうした学生諸君への、「社会とは」という問いに論理的に応えるスキルを提供するための「社会システム論」の講義録がもとになっている。その一部は、最近の論文として発表してきたもののアイデアにもなっている[240]。

そして、いろいろな知的刺激を与え続けてくれている学生時代からの旧い友人たち、爺さんが出会うことのない新しいことを教えてくれる若い世代の友人たちにも感謝を申し上げたい。

最後に、いつもながら小難しい拙著に出版の機会を作っていただいた株式会社東信堂の下田勝司社長に心より御礼を申し上げたい。

2014 年 6 月　早稲田大学戸山キャンパスにて
著者

---

[240]: Mototaka Mori, „Person als Medium – Eine pragmatisch-phänomenologische Alternative zur Systemtheorie", in: Joachim Renn, Gerd Sebald, Jan Weyand (Hrsg.), *Lebenswelt und Lebensform: Zum Verhältnis von Phänomenologie und Pragmatismus*, Velbrück/Frankfurt am Main, S. 192-205. Mototaka Mori, "Musical Foundation of Interaction: Music as Intermediary Medium", in: Michael Barber/Jochen Dreher (eds.), *The Interrelation of Phenomenology, Social Sciences and the Arts*, Springer/New York, pp.267-277.

文献

Aristoteles, *Politik – Schriften zur Staatstheorie*, Reclam 1989. 田中美知太郎他訳『アリストテレス政治学』中央公論新社 2009年.

Alexander (1964): Christopher Alexander, *Notes on the Synthesis of Form*, Harvard University Press.

Alexander (1979): *The Timeless Way of Building*, Oxford University Press.

Allcock (1983): John B. Allcock, "Editorial introduction to the English translation", in: Emil Durkheim, *Pragmatism and Sociology*, Cambridge University Press, p.xxiii-xli

Austin (1962),: John L.Austin, *How to Do Things with Words*, Harvard University Press/Cambridge, Massachusetts. 坂本百大訳『言語と行為』大修館書店 1978年.

Beck (1986): Ulrich Beck, *Risikogesellschaft –Auf dem Weg in eine andere Moderne*, Frankfurt am Main. 東廉、伊藤美登里訳『危険社会―新しい近代への道』法政大学出版局 1998年.

Beck(1991): „Der Konflikt der zwei Modernen", in : Wolfgang Zapf (Hrsg.), *Die Moedernisierung moderner Gesellschaften. Verhandlungen des 25. Deutschen Soziologentages in Frankfurt am Main 1990*, Frankfurt am Main / New York, S.40-52.

Baecker (1990): Dirk Baecker, „Die Dekonstruktion der Schachtel –Innen und Außen in der Architektur", in: Niklas Luhmann, Frederick D. Bunsen, Dirk Baecker, *Unbeobachtbare Welt –Über Kunst und Architektur*, Bielefeld.

Baecker (1993a): Dirk Baecker, *Kalkül der Form*, Frankfurt am Main.

Baecker (1993b): *Probleme der Form*, Frankfurt am Main.

Baecker (1996): „Oszillierende Öffentlichkeit", in: Rudolf Maresch (Hrsg.), *Medien und Öffentlichkeit -Positionierungen Symptome Simulationsbrüche*, Boer.

Baecker (2002): *Wozu noch Systeme?* Berlin.

Baecker (2004): „Miteinander leben, ohne sich zu kennen –Die Ökologie der Stadt" in: *Soziale Systeme – Zeitschrift für Soziologische Theorie*, Jg. 10(2004), Heft 2, S.257-272.

Baecker (2005): *Form und Formen der Kommunikation*, Frankfurt am Main.

Baecker (2009): „Bauen, Ordnen, Abreißen im Fommodell des Sozialen", in: Joachim Fischer/Heike Delitz (Hrsg.), *Die Architektur der Gesellschaft –Theorien für die Architektursoziologie*, Bielefeld.

Baecker (2013): *Beobachter unter sich –Eine Kulturtheorie*, Frankfurt am Main.

Benjamin (1982): Walter Benjamin, *Das Passagen-Werk*, Frankfurt am Main. 今村仁司・三島憲一他訳『パサージュ論III 都市の遊歩者』岩波書店 1994年.

Berger/Luckmann (1966): Peter L. Berger/Thomas Luckmann, *The Social Construction of Reality –A Treatise in the Sociology of Knowledge*, New York. 山口節郎訳『現実の社会的構成―知識社会学論考』新曜社 2003年.

Berger/Luckmann (1980): *Die gesellschaftliche Konstruktion der Wirklichkeit –Eine Theorie der Wissenssoziologie*, Frankfurt am Main.

Bergson (1939): Henri Bergson, *Matière et mémoire –Essai sur la relations du corps à l'esprit*, Paris. (田島節郎訳『物質と記憶』白水社 1999年.

Böhm-Bawerk (1961): Eugenk von Böhm-Bawerk, *Positive Theorie des Kapitales* (Vierte Auflage), in:

Kapital und Kapitalzins (Zweite Abteilung), Meiseheim/Glan.

Dewey (1934): John Dewey, *Art as Experience*, New York.

Douglas (1992): Mary Douglas, *Risk and Blame –Essays in Cultural Theory*, New York.

Douglas/Wildavsky (1983): Mary Douglas / Aaron Wildavsky, *Risk and Culture –An Essay on the Selection of Technological and Environmental Dangers*, University of California Press.

Durkheim (1930) : Emile Durkheim, *De la division du travail social*, Presses Universitaires de France. 田原音和訳『社会分業論』青木書店 1971 年．

Durkheim (1955) : *Pragmatisme et Sociologie –Cours Inédit*, Paris.

Durkheim (1983): *Pragmatism and Sociology*, Cambridge University Press

Durkheim (1987): *Schriften zur Soziologie der Erkenntnis*, Frankfurt am Main.

Esposito (2010): Elena Esposito, *Die Zukunft der Futures —Die Zeit des Geldes in Finanzwelt und Gesellschaft*, Frankfurt am Main.

Georgiades (2008): Thrasybulos G. Georgiades, *Musik und Sprache –Das Werden der abendländischen Musik*, Darmstadt.

Giddens (2009): Anthony Giddens, *The Politics of Climate Change*, Cambridge UK.

Gouldner (1960): Alvin W. Gouldner, "The Norm of Reciprocity –A Preliminary Statement", in: *American Sociological Review*, Vol. 25(2), pp.161-178.

Griffin (1986): James Griffin, *Well-Being –Its Meaning, Measurement and Moral Importance*, Oxford.

Günther (1979a): Gotthard Günther, "Information, Communication and Many-Valued Logic", in: G. Günther, *Beiträge zur Grundlegung einer operationsfähigen Dialektik* (Zweiter Band), Felix Meiner Verlag/Hamburg, S.134-148.

Günther (1979b): "Life as Poly-Contexturality", in: G. Günther, *Beiträge zur Grundlegung einer operationsfähigen Dialektik* (Zweiter Band), Felix Meiner Verlag/Hamburg, S.283-306.

Habermas (1962): Jürgen Habermas, *Strukturwandel der Öffentlichkeit –Untersuchungen zu einer Kategorie der bürgerlichen Gesellschaft*, Neuwied. 細谷貞雄・山田正行訳『公共性の構造転換』未来社 1994 年．

Habermas (1967): "Ein Literaturbericht (1967): Zur Logik der Sozialwissenschaften", in: Habermas (1970), S.71-310; Habermas (1984b), S.89-310.

Habermas(1968):, *Technik und Wissenschaft als >Ideologie<*, Frankfurt am Main. 長谷川宏訳『イデオロギーとしての技術と科学』平凡社 2000 年．

Habermas (1968/73): *Erkenntnis und Interesse*, Frankfurt am Main. 奥山次良・渡辺邦・八木橋貢訳『認識と関心』未来社 2001 年．

Habermas (1984a): *Vorstudien und Ergänzungen zur Theorie des kommunikativen Handelns*, Frankfurt am Main.

Habermas (1984b): *Zur Logik der Sozialwissenschaften*, Frankfurt am Main. 清水多吉・波平恒男、木前利明・西坂仰訳『社会科学の論理によせて』国文社 1991 年。

Habermas (2009): „Wahrheitstheorien", in: *Philosophische Texte Band 2*, Frankfurt am Main, S.208-269.

Habermas/Luhmann (1971), Jürgen Habermas/Niklas Luhman, *Theorie der Gesellschaft oder Sozialtechnologie – Was leistet die Systemforschung?* Frankfurt am Main. 佐藤嘉一・山口節郎・藤沢賢一郎訳『批判理論と社会システム理論』木鐸社　1984年.

Hart (1994): Herbert Lionel Adolphus Hart, *The Concept of Law* (second edition), Oxford University Press.

Hallbwachs (1950): Maurice Hallbwachs, *La Mémoire collective*, Presses Universitaires de France.

Hallbwachs (1980): *The Collective Memory*, New York.

Hayek (1931): Friedrich von Hayek, *Prices and Production*, London. (Preise und Produkiton, Wien 1931.) 谷口洋志・佐野晋一・嶋中雄二・川俣雅弘訳「価格と生産」、上掲『ハイエク全集1』所収.

Hayek (1976/78): *Denationalization of Money –An Analysis of the Theory and Practice of Concurrent Currencies*, London; in: CW, Vol. VI, 1999, pp.128-229.　池田幸弘・西部忠訳『貨幣論集』（春秋社　2012年）37-212頁.

Heidegger (1926/2001): Martin Heidegger, *Sein und Zeit*, Tübingen.

Heider (1926): Fritz Heider, „Ding und Medium", in: *Philosophische Zeitschrift für Forschung und Aussprache*, Jg.1, Heft 2, Berlin, 109-157.

Heider (1959): "Thing and Medium", in: *Psychological Issues*, Vol.1(3), New York, pp.1-34.

Heider (2005): *Ding und Medium* (Hersg. Dirk Baecker), Berlin.

Hicks (1967): John Hicks, *Critical Essays in Monetary Theory*, Oxford University Press.

Husserl (1928): Edmund Husserl, *Vorlesungen zur Phänomenologie des inneren Zeitbewußtseins*, Tübingen. 立松弘孝訳『内的時間意識の現象学』みすず書房　1967年.

Husserl (1976): *Ideen zu einer reinen Phänomenologie und phänomenologischen Philosophie*, Den Haag. 渡辺二郎訳『イデーン　純粋現象学と現象学的哲学のための諸構想　第1巻　純粋現象学への全般的序論』みすず書房　1984年.

石原慎太郎 (1967):『巷の神々』サンケイ新聞出版局　1967年〔『石原慎太郎の思想と行為　第5巻　新宗教の黎明』産経新聞出版　2013年〕.

James (1890/1950): William James, *The Principles of Psychology*, New York.

Kelsen (1934): Hans Kelsen, *Reine Rechtslehre*, Leipzig/Wien. 横田喜三郎訳『純粋法学』岩波書店　1935年.

Keynes (1936): John Maynard Keynes, *The General Theory of Employment, Interest and Money*, in: *The Collected Writings of John Maynard Keynes Volume VII*, The Macmillan Press 1973. 塩野谷祐一訳『ケインズ全集第7巻　雇用・利子および貨幣の一般理論』東洋経済新報社　1983年.

Knight (1921): Frank Hyneman Knight, *Risk, Uncertainty and Profit*, University of Chicago Press 1971.

Lau (2008); Felix Lau, *Die Form der Paradoxie –Eine Einführung in die Mathematik und Philosophie der „Laws of Form" von G. Spencer Brown*, Heidelberg.

Luhmann (1978): Niklas Luhmann, „Erleben und Handeln", in: Hans Lenk (Hrsg.), *Handlungstheorien– Interdisziplinär II*, München 1978, S.235-253; in: Luhmann (1981b), S.67-80.

Luhmann (1981a): *Ausdifferenzierung des Rechts –Beiträge zur Rechtssoziologie und Rechtstheorie*, Frankfurt am Main.

Luhmann (1981b): *Soziologische Aufklärung 3 -Soziales System, Gesellschaft, Organisation*, Opladen.

Luhmann (1982a): „Handlung und kommunikative Verständigung" in: *Zeitschrift für Soziologie*, Jg. 11, Heft 4 (1982), S.366-379

Luhmann (1982b): *Liebe als Passion –Zur Codierung von Intimität*, Frankfurt am Main.

Luhmann (1982c): *Wirtschaft der Gesellschaft*, Frankfurt am Main.〔春日淳一訳『経済の社会』文眞堂　1991年〕.

Luhmann (1984): *Soziale Systeme –Grundriß einer allgemeinen Theorie*, Frankfurt am Main. 佐藤勉監訳『社会システム論（上）』恒星社厚生閣　1993年.

Luhmann (1986): *Ökologische Kommunikation— Kann die moderne Gesellschaft sich auf ökologische Gefährdungen einstellen?*『エコロジーのコミュニケーション―現代社会はエコロジーの危機に対応できるか?』新泉社　2007年.

Luhmann (1990a): *Die Wissenschaft der Gesellschaft*, Frankfurt am Main.

Luhmann (1990b) : „Risiko und Gefahr", in: *Soziologische Aufklärung 5*, Opladen, S.131-169.

Luhmann (1991): *Soziologie des Risikos*, Berlin / New York.

Luhmann (1997): *Die Gesellschaft der Gesellschaft*, Frankfurt am Main.

Luhmann (2002): *Das Erziehungssystem der Gesellschaft*, Frankfurt am Main.

Lynch (1960): Kevin Lynch, *The Image of the City*, MIT. 丹下健三・富田玲子訳『都市のイメージ』岩波書店　2007年.

Marx (1890): Karl Marx, *Das Kapital -Kritik der politischen Ökonomie*(Erster Band), Hamburg (Band 23 der Werke von Marx und Engels). マルクス＝エンゲルス全集刊行委員会『カール・マルクス　資本論』大月書店　1982年.

丸山真男 (1961):『日本の思想』岩波新書.

Mead (1934): George Herbert Mead: *Mind, Self & Society –From the Standpoint of a Social Behaviorist*, The University of Chicago.

Mead (1938): *The Philosophy of the Act*, University of Chicago Press.

Merton (1948): Robert K. Merton: "The Self-Fulfilling Prophecy", in: *Antioch Review*, 8:2 (1948 June), p.193-210. ロバート・K. マートン「予言の自己成就」『社会理論と社会構造』みすず書房　1961年所収.

森 (1995a)：森　元孝『アルフレート・シュッツのウィーン―社会科学の自由主義的転換の構想とその時代』新評論.

森 (1995b):『モダンを問う―社会学の批判的系譜と手法』弘文堂.

森 (1996):『逗子の市民運動―池子米軍住宅建設反対運動と民主主義の研究』御茶の水書房.

森 (2006):『フリードリヒ・フォン・ハイエクのウィーン―ネオ・リベラリズムとその時代』新評論.

森 (2007):『貨幣の社会学―経済社会学への招待』東信堂.

森　元孝『亀裂の弁証法―現象としての石原慎太郎』（近刊予定）.

Mori (2012): Mototaka MORI, „Person als Medium – Eine pragmatisch-phänomenologische Alternative zur Systemtheorie", in: Joachim Renn, Gerd Sebald, Jan Weyand (Hrsg.), *Lebenswelt und Lebensform:*

Zum Verhältnis von Phänomenologie und Pragmatismus, Velbrück/Frankfurt am Main, S. 192-205.

Mori (2013): "Musical Foundation of Interaction: Music as Intermediary Medium", in: Michael Barber/ Joachim Dreher (eds.), *The Interrelation of Phenomenology, Social Sciences and the Arts*, Springer/ New York, pp.267-277.

Musil (1986): Robert Musil, *Der Mann ohne Eingenschaften*, Reinbeck bei Hamburg.

Nietzsche (2007): Friedrich Nietzsche, *Die Geburt der Tragödie*, Reclam. 秋山英夫訳『悲劇の誕生』岩波文庫 1966 年.

Neurath (1979): Otto Neurath, „Empirische Soziologie", in: *Wissenschaftliche Weltauffassung, Sozialismus und Logischer Empirismus* (Hersg. Rainer Hegelmann), Frankfurt am Main.

Ogden/Richards (1923): Charles Kay Ogden/Ivor Armstrong Richards, *The Meaning of Meaning*, A Harvest/HBJ Book 1982(1923).

Olson (1965): Mancur Olson, *The Logic of Collective Action*, Harvard University Press. 依田 博・森脇俊雅 訳『集合行為論』ミネルヴァ書房 1983 年.

Parsons (1937): Talcott Parsons, *The Structure of Social Action – A Study in Social Theory with Special Reference to A Group of Recent European Writers*, Free Press/New York. 稲上毅・厚東洋輔・溝部明男訳『社会的行為の構造』木鐸社 1976 年.

Parsons (1969): *Politics and Social Structure*, Free Press/New York.

Parsons/Shils (1951): Talcott Parsons/Edward Shils et. al., *Toward a General Theory of Action*, Cambridge Mass.

Park/Burgess (1925): Robert E. Park/Ernest W. Burgess, *The City –Suggestions for the Investigation of Human Behavior in the Urban Environment*, The University of Chicago Press.

Plessner (1981): Helmuth Plessner, *Grenzen der Gemeinschaft -Eine Kritik der sozialen Radikalism (1924)*, in: Gesammelte Schriften V. Macht und menschliche Natur, Frankfurt am Main.

Popper (1982): Karl R. Popper, *Logik der Forschung*, siebente, verbesserte und durch sechs Anhänge vermehrte Auflage, Tübingen.

Schaffer (1977): Raymond Murray Schaffer, *The Soundscape –Our Sonic Environment and the Turning of the World*, New York.

Schönwälder/Wille/Hölscher/Schönwälder (2004): Tatjana Schönwälder/Katrin Wille/ Thomas Hölscher, *George Spencer Brown –Eine Einführung in die „Laws of Form"*, Wiesbaden.

Schutz (1962): Alfred Schutz, *Alfred Schutz Collected Papers I –The Problem of Social Reality* (Edited. Maurice Natanson), Dordrecht/Boston/London. 渡部光・那須壽・西原和久訳『アルフレッド・シュッツ著作集 第 1 巻 社会的現実の問題 [II] 』マルジュ社 1985 年、『同第 2 巻 社会的現実の問題 [II]』マルジュ社 1985 年.

Schutz (1964): *Alfred Schutz Collected Papers II–Studies in Social Theory* (Edited. Arvid Brodersen), The Hague. 渡部光・那須壽・西原和久訳『アルフレッド・シュッツ著作集 第 3 巻 社会理論の研究』マルジュ社 1991 年.

Schütz (1981): *Theorie der Lebensformen* (hrsg. Ilja Srubar), Frankfurt am Main.

Schütz (2003a): *Alfred Schütz, Werkausgabe Band V.I, Theorie der Lebenswelt 1 -Die pragmatische*

Schichtung der Lebenswelt, Konstanz.
Schütz (2003b): *Alfred Schütz, Werkausgabe Band V.2, Theorie der Lebenswelt 2 -Die kommunikatve Ordnung der Lebenswelt* (hrsg. Herbert Knoblauch, Ronald Kurt, Hans-Georg Soeffner), Konstanz.
Schütz (2004a): *Der sinnhafte Aufbau der sozialen Welt –Eine Einleitung in die verstehende Soziologie, in: Alfred Schütz, Werkausgabe Band II*, Konstanz. 佐藤嘉一訳『社会的世界の意味構成―理解社会学入門〔改訳版〕』木鐸社 2006 年.
Schütz (2004b): *Alfred Schütz Werkausgabe Band VI.1, Relevanz und Handeln 1-Zur Phänomenologie des Alltagswissens*, Konstanz. 那須寿・浜日出夫他訳『生活世界の構成―レリバンスの現象学』マルジュ社 1996 年.
Schütz (2006): *Alfred Schütz, Werkausgabe Band I, Sinn und Zeit –Frühe Wiener Studien*, Konstanz.
Schutz (2011): *Alfred Schutz Collected Papers V. Phenomenology and the Social Sciences* (Edited. Lester Embree), Springer.
Schutz (2012): *Alfred Schutz Collected Papers VI. Literary Reality and Relationships* (Edited. Michael Barber), Springer.
Schutz (2013): "Fragment on the Phenomenology of Rhythm", in: *Schuzian Rewearch* 5, pp.11-22.
Searle (1990): John R. Searle, "Collective Intentions and Actions", in: Philip R. Cohen, Jerry Morgan, Martha E. Pollack, *Intentions in Communication*, MIT.
Shannon/Weaver (1949): Claude E. Shannon/Warren Weaver, *The Mathematical Theory of Communication*, University of Illinois Press. 植松友彦訳『通信の数学的理論』ちくま学芸文庫 2009 年.
Simmel (2006): Georg Simmel, *Die Großstädte und das Geistesleben*, Frankfurt am Main.
Simon (1993): Fritz B. Simon, *Unterschiede, die Unterschiede machen –Klinische Epistemologie: Grundlage einer systemischen Psychiatrie und Psychosomatik*, Frankfurt am Main.
Spencer-Brown (1969): George Spencer-Brown: *Laws of Form*, London. 大澤真幸・宮台真司訳『形式の法則』朝日出版社 1987 年.
Spencer-Brown (1997), *Gesetze der Form*, Lübeck.
Thomas (1923): William Isaac.Thomas, *The unadjusted girl*, Montclair, New Jersey.
Thomas (1928): William Isaac Thomas and Dorothy Swaine Thomas, *The child in America –Behavior problems and programs*, New York: Knopf.
Tönnies (1887): Ferdinand Tönnies, *Gemeinschaft und Gesellschaft –Grundbegriffe der reinen Soziologie* (8.Auflage), Darmstadt.
Tönnies (1922): *Kritik der öffentlichen Meinung*, Berlin.
Uexküll (1940): Jacob von Uexküll, *Bedeutungslehre*, Leipzig.
Weber (1904/5): Max Weber, „Die protestantische Ethik und der >Geist< des Kapitalismus", in: *Gesammelte Aufsätze zur Religionssoziologie*, Bd, 1, Tübingen 1920, S.17-206. マックス・ウェーバー『プロテスタンティズムの倫理と資本主義の精神』岩波書店 1988 年.
Weber (1956): *Wirtschaft und Gesellschaft-Grundriss der verstehenden Soziologie*, vierte, neu herausgegebene Auflage, Tübingen. 世良晃志郎訳『支配の諸類型』、『支配の社会学 I』、および

世良晃志郎訳『支配の諸類型』および『支配の社会学Ⅰ』創文社　1970年.

Wellmer (2009): Albrecht Wellmer, *Versuch über Musik und Sprache*, München.

Wiener (1948): Norbert Wiener, *Cybernetics: or control and communication in the animal and the machine*, MIT Press.

人名索引

ア
アリストテレス　Aristoteles.....................171
アルコック　John B. Allcock................155
アルバックス　Maurice Hallbwachs... 137-150
アレクザンダー　Christopher Alexander ...113
ヴァイツゼッカー　Richard von Weizäcker.61
ウィーバー　Warren Weaver....................56, 90
ウィナー　Norbert Wiener..................45, 74, 183
ウェーバー　Max Weber......11, 25, 88, 91, 93, 114, 115, 163, 203
エスポジト　Elena Esposito..................91, 203
エンドレス　Martin Endreß 34
オースチン　John L.Austin...........64, 159, 163
オグデン　Charles Kay Ogden 63
オルソン　Mancur Olson...........................238

カ
ギデンズ　Anthony Giddens.......................192
ギュンター　Gotthard Günther...........75、102
グリフィン　James Griffin 12
ケインズ　John Maynard Keynes ..91, 188, 189
ケルゼン　Hans Kelsen 100, 203

サ
シェーファー　Raymond Murray Schafer ..138
ジェームス　William James 164
シャノン　Claude E. Shannon ..46, 56, 57, 74, 90, 156, 158, 166
シューベルト　Franz Peter Schubert 142
シューマン　Robert Schumann 140
シュッツ　Alfred Schütz/Alfred Schutz ..19, 21, 23, 27, 34, 46, 48-9, 59, 61, 69, 71, 74, 129-30, 133, 139, 143, 148, 164-165, 203
シュレーダー　Gerhard Schröder...........11, 25
ジンメル　Georg Simmel 114
スペンサー＝ブラウン　George Spencer-Brown 33-7, 53, 123, 126
スルバール　Ilja Srubar 34, 141

タ
ダグラス　Mary Douglas 9, 12-3
デューイ　John Dewey.....................138, 145
デュルケーム　Emile Durkheim ... 138-9, 155, 203
テンニース　Ferdinand Tönnies.............. 115-6
トマス　William Isaac Thomas 15-6, 19, 118, 159

ナ
ナイト　Frank Hyneman Knight 5
ニーチェ　Friedrich Nietzsche......... 143-4, 147
ニクソン　Richard Milhous Nixon......189, 193
ノイラート　Otto Neurath 105

ハ
バーガー　Peter L. Berger............................vii
パーク　Robert E. Park.............................111
パーソンズ　Talcott Parsons 27, 41, 83, 96, 163, 203
ハート　Herbert Lionel Adolphus Hart.97, 101
ハーバマス　Jürgen Habermas......... 64-65, 93, 106,116, 151
ハイエク　Friedrich von Hayek..........181, 183, 193-4, 197-9, 203
ハイダー　Fritz Heider.............................112
ハイデガー　Martin Heidegger.................. 20-1
ヒックス　John Hicks 90
フッサール　Edmund Husserl 54, 61, 130, 141
プレスナー　Helmuth Plessner ..116, 118, 128, 174
ヘーゲル　Georg Wilhelm Friedrich Hegel 155, 172
ベートーヴェン　Ludwig van Beethoven ..143, 150
ベーム＝バヴェルク　Eugenk von Böhm-Bawerk 88
ベッカー　Dirk Baecker 33, 56, 111-4, 203
ベック　Ulrich Beck............................ 6, 11-13

ベルクソン　Henri Bergson 61, 137-9, 141
ベンヤミン　Walter Benjamin 116, 117
ポパー　Karl R. Popper 106
ボルツマン　Ludwig Boltzmann 46, 56

マ

マートン　Robert K. Merton 16, 18, 22, 29, 31
マルクス　Karl Marx 11, 78, 151-6, 162
マンデラ　Nelson Mandela 110
ミーゼス　Ludwig von Mises 198, 203
ミード　George Herbert Mead 24, 62, 77
ムジール　Robert Musil 109
モーツァルト　Wolfgang Amadeus Mozart ......
147-9
モンテスキュー　Charles-Louis de
Montesquieu 94

ヤ

ユクスキュル　Jacob von Uexkülle 48
ヨアス　Hans Joas 155

ラ

ラウ　Felix Lau 54, 132
リチャーズ　Ivor Armstrong Richards 69
リンチ　Kevin Lynch 111
ルーマン　Niklas Luhmann 12-3, 20-1,
26, 62, 66, 83, 85-6, 88, 96-7,
106, 109, 111-2, 163, 203
ルックマン　Thomas Luckmann vii
ロラン　Romain Rolland 186

ワ

ワグナー　Richard Wagner 146-50

事項索引

あ

愛　love; Liebe..........vii, 83, 108-11, 115-6, 119
アイポッド　i-pod.......................150
圧縮　condensation....... 30, 32-3, 35-41. 72, 78, 80, 121, 123-5, 127-8, 132-3, 174, 196, 204
アンドロイド　android....................65, 84, 134
威光　Nimbus................................112, 118, 128
インターネット　internet...116, 176, 181, 187, 193-5, 199
ウォークマン　WALKMAN........................150
エポケー　Epoché....................21, 27, 129-30
エントロピー　entropy..................45, 54, 56, 75
教え込まれる欲求　informed desire..12, 88, 90, 161, 166, 169, 173, 176, 187, 191
音　sound; Ton..................56-7, 63, 74, 79, 113, 138-9, 142, 146,

か

蓋然性　probability; Wahrscheinlichkeit........13, 25, 45, 83, 97
確実性　certainty; Gewissheit........... 11, 13, 19, 23, 25, 40, 97
家族　family......................12, 41, 47, 93
貨幣　money; Geld...............vii, 83, 87-91, 96, 108, 112-4, 119, 161, 175, 181, 183-6, 188-99, 114,
神　God .. 38-41, 99-101, 104, 109-10, 148, 150
間接呈示　Appräsentation................................80
疑似同時性　Quasigleichzeitigkeit......... 133, 171
競争　competition; Wettbewerb......6-9, 76, 191, 193, 196, 198-9
教育　education; Erziehung........21, 41, 65, 84-7, 107, 117-9, 128, 157, 177
経済　economy; Wirtschaft..........32, 87-91, 107, 127, 154, 162, 181-6, 191, 198-9
芸術　art; Kunst................77-81, 111, 113, 119, 137, 141, 145,-50, 165
ゲゼルシャフト　Gesellschaft....................115
ゲマインシャフト　Gemeinschaft.........115-118
言語　language; Sprache......vii, 30, 41, 46, 55-6, 63-6, 69-76, 78-9, 83-6, 89-90, 95, 98, 100, 108, 119, 121, 128, 134, 137-41, 145-9, 155, 157-8, 161- 3, 169, 172, 175-6, 178
権力　power; Macht........vii, 39, 83, 91-7, 100-1, 108, 110, 113, 119, 161, 169-70, 172-5, 185
行為　act, action; Handeln, Handlung......13-4, 24, 26-7, 66-74, 83, 86, 99, 155-162, 164
合意　consensus; Konsesus.................8, 10, 12, 89, 106, 162
交換　exchange; Austausch...87-91, 96, 112, 114, 119, 184, 188-189, 192, 197-8
工学者　engineer; Techniker;.........57, 74,-6, 90
互酬性　reciprocity; Reziprozität..96-7, 113, 119
誇張　extension, expansion..............30, 32, 35-8, 40-1, 72, 78, 80, 121, 124, 127-8, 132-3, 173, 196, 204
言葉遊戯　language-game; Sprachspiel....38, 41, 127
コンピュータ　computer............. 181, 187, 189, 193, 195-6

さ

最低限の必要　basic needs......12, 88, 172, 176, 187, 192
サイボーグ　cyborg.........................65, 84, 134
サウンドスケープ　soundscape........113, 138-9
自生性・自生的　spontaneity; Spontanität・spontaneous.........................86-7, 141, 146, 149, 150, 164, 167, 199
自然的態度　natural attitude; natürliche Einstellung 21, 27, 129-30
身体　body; Leib vii, 15, 46, 48, 55-6, 59-61, 63, 65-72, 74, 77-9, 83-6, 92-5, 98, 100, 108-11, 119, 121, 128, 130, 132-4, 137-41, 144-7, 149, 156, 162-4, 169, 176, 194
親密性（圏）　intimacy; Intimität.....93, 108-9, 115, 133, 171, 199
真理　truth; Wahrheit............vii, 83, 101-8, 119
→真理の合意説　Konsensustheorie der Wahrheit 106

事項索引

→真理の整合説 Kohärenztheorie der Wahrheit 105
→真理の対応説 Korrespondenztheorie der Wahrheit 104-5
→模写説 Abbildtheorie 105
スマートフォン Smartphone ... 64, 74, 77, 117, 134, 176, 187
政治 politics; Politik 7, 38-9, 91-7, 108, 119, 127, 162, 169-79,
生への注意 attention à la vie 69, 85, 86, 122
戦略的行為 strategic action; strategisches Handeln 157, 161-2, 167
相補性 complementarity 96

た

多元的現実 multiple realities; mannigfaltige Wirklichkeiten 134, 146, 165
多定立的 polythetic; polythetisch 26, 54, 60-1, 71, 86, 140, 167
単定立的 monothetic; monothetisch . 26, 54-5, 60, 71, 140, 167
超越論的現象学 transzendentale Phänomenologie 129
通信工学 telecommunications engineering ... 57, 74-6, 90, 116, 186
同時性 Gleichzeitigkeit 47-9, 54, 63,-4, 75, 116, 133,148-50, 171
匿名性 anonymity; Anonymität ... 93, 133, 171, 199

な

二重の条件依存性 double contingency . 88, 96
人間 human; Mensch .... vii, 20-1, 38-9, 46, 57, 65-8, 78, 84-7, 89, 91, 96, 100-1, 109, 113-4, 119, 121, 126, 134, 138, 148-9, 151-2, 154-5, 157-8, 162, 166, 188, 192
ノイズ noise 75

は

発語行為 locutionary act 175
発語内行為 illocutionary act 65, 163
→発語内的力 illocutionary force ... 79, 92, 137, 143, 158, 175
発語媒介行為 perlocutionary act 65, 163
→発語媒介的効果 perlocutionary effect 79, 92, 100
発話行為 speech act 64-5, 72, 100, 143, 163, 175
非蓋然性（ありえそうもなさ） Unwahrscheinlichkeit 45, 83, 97
光 light; Licht 56-7, 63, 74, 79, 112-3, 146
人 person; Person .... v-viii, 22, 26, 38-41, 46, 55-6, 65-73, 78-9, 83,-4, 91-95, 98-101, 119, 127, 145, 150, 152, 154, 158, 163, 169-71, 174, 181
飛躍 leap; Sprung 69, 165, 167, 183-5, 196
不確実性 uncertainty 5-6, 8, 12, 97
普遍語用論 Universalpragmatik 158-9, 162
平和 peace; Frieden 30-1, 34, 39, 100, 169, 175, 178-80
法 law; Recht .... vii, 23, 32, 39-40, 68, 83, 95-101, 107, 109, 111, 113-4, 119, 127, 161, 169-70, 174, 194
方法論的個人主義 methodological individualism .... v-vii, 16
暴力 violence; Gewalt 92-5, 97, 110, 113, 119, 170, 173

ま

命題的態度 propositional attitude 128

や

遊歩者 flâneur 116-7, 134

ら

リアリティ reality; Realität .... vii, 9, 21, 133-4, 155, 159-61, 165, 167, 192, 201
リアル real 15-6, 31, 56, 74, 76-8, 90,118, 133-4, 138, 146, 150, 165-7, 181, 189-90
リスク risk; Risiko 5-18, 25, 27, 31, 38, 40-1, 91, 97, 118, 161, 173, 192
流動性選好 liquidity preference 91, 119, 188, 198
レリバンス relevance; Relevanz 69-74, 79, 84-6, 119, 138-9, 176
労働 labor; Arbeit 78, 89, 151-7, 162-5, 167, 184, 186
ロボット robot 65, 84, 134

著者紹介
森　元孝（もり　もとたか）博士（文学）
- 1955 年　大阪生まれ
- 1979 年　早稲田大学教育学部社会科学専修卒業
- 1985 年　早稲田大学文学研究科社会学専攻博士課程終了。
　　　　　早稲田大学第一文学部助手、文学部専任講師、助教授を経て
- 1995 年　早稲田大学第一、第二文学部教授
- 2007 年　早稲田大学文化構想学部社会構築論系教授

著書
- 1995 年　『アルフレート・シュッツのウィーン―社会科学の自由主義的転換の構想とその時代』新評論.
　　　　　『モダンを問う―社会学の批判的系譜と手法』弘文堂.
- 1996 年　『逗子の市民運動―池子米軍住宅建設反対運動と民主主義の研究』御茶の水書房.
- 2000 年　『アルフレッド・シュッツ―主観的時間と社会的空間』東信堂.
- 2006 年　『フリードリヒ・フォン・ハイエクのウィーン―ネオ・リベラリズムとその時代』新評論.
- 2007 年　『貨幣の社会学―経済社会学への招待』東信堂.

主要論文
„Person als Medium – Eine pragmatisch-phänomenologische Alternative zur Systemtheorie", in: Joachim Renn, Gerd Sebald, Jan Weyand (Hrsg.), *Lebenswelt und Lebensform: Zum Verhältnis von Phänomenologie und Pragmatismus*, Velbrück/Frankfurt am Main 2012, S. 192-205.

"Musical Foundation of Interaction: Music as Intermediary Medium", in: Michael Barber/Jochen Dreher (eds.), *The Interrelation of Phenomenology, Social Sciences and the Arts*, Springer/New York 2013, pp.267-277.

理論社会学──社会構築のための媒体と論理

2014 年 10 月 15 日　初版第 1 刷発行　　　　　〔検印省略〕
定価はカバーに表示してあります。

著者ⓒ森元孝　発行者 下田勝司

印刷・製本／中央精版印刷株式会社
組版・装丁／有限会社ホワイトポイント

東京都文京区向丘 1-20-6　郵便振替 00110-6-37828
〒 113-0023　TEL (03) 3818-5521　FAX (03) 3818-5514
Published by TOSHINDO PUBLISHING CO., LTD.
1-20-6, Mukougaoka, Bunkyo-ku, Tokyo, 113-0023, Japan
E-mail: tk203444@fsinet.or.jp　http://www.toshindo-pub.com

発行所　株式会社 東信堂

ISBN978-4-7989-1257-8 C3036　　Ⓒ Mori Mototaka

東信堂

グローバル化と知的様式——社会科学方法論についての七つのエッセー	J・ガルトゥング 大矢・澤光修太郎訳	二八〇〇円
社会的自我論の現代的展開	船津　衛	二四〇〇円
社会学の射程——ポストコロニアルな地球市民社会学へ	庄司興吉	三二〇〇円
地球市民学を創る——変革のなかで	庄司興吉編著	三三〇〇円
理論社会学——社会構築のための媒体と論理	森　元孝	二四〇〇円
貨幣の社会学——経済社会学への招待	森　元孝	一八〇〇円
教育と不平等の社会理論——再生産論を超えて	小内　透	三二〇〇円
現代日本の階級構造——理論・方法・計量分析	橋本健二	四五〇〇円
人間諸科学の形成と制度化——社会諸科学との比較研究	長谷川幸一	三八〇〇円
現代社会と権威主義——フランクフルト学派権威論の再構成	保坂　稔	三六〇〇円
観察の政治思想——アーレントと判断力	小山花子	二五〇〇円
インターネットの銀河系——ネット時代のビジネスと社会	M・カステル 矢澤・小山訳	三六〇〇円
園田保健社会学の形成と展開	園田恭一編 須田木綿子編著 米林喜男 山手茂	三六〇〇円
社会的健康論	園田恭一	二五〇〇円
保健・医療・福祉の研究・教育・実践	園田恭一 山手茂 米林喜男編	三四〇〇円
研究道 学的探求の道案内	平岡公一・武川正吾・山田昌弘・黒田浩一郎監修	二八〇〇円
福祉政策の理論と実際（改訂版）——福祉社会学研究入門	三重野卓編	二五〇〇円
認知症家族介護を生きる——新しい認知症ケア時代の臨床社会学	井口高志	四二〇〇円
社会福祉における介護時間の研究——タイムスタディ調査の応用	渡邊裕子	五四〇〇円
介護予防支援と福祉コミュニティ	松村直道	二五〇〇円
対人サービスの民営化——行政・営利・非営利の境界線	須田木綿子	二三〇〇円

〒113-0023　東京都文京区向丘1-20-6
TEL 03-3818-5521　FAX03-3818-5514　振替 00110-6-37828
Email tk203444@fsinet.or.jp　URL:http://www.toshindo-pub.com/

※定価：表示価格（本体）＋税

東信堂

豊田とトヨタ——産業グローバル化先進地域の現在	山岡亮一朗／丹辺宣彦／山口博史／丹辺徹也彦 編著	四六〇〇円
社会階層と集団形成の変容——集合行為と「物象化」のメカニズム	丹辺宣彦	六五〇〇円
日本コミュニティ政策の検証——自治体内分権と地域自治へ向けて	山崎仁朗編著	四六〇〇円
現代日本の地域分化——センサスの市町村別集計に見る地域変動のダイナミックス	蓮見音彦	三八〇〇円
地域社会研究と社会学者群像——社会学としての闘争論の伝統	橋本和孝	五九〇〇円
組織の存立構造論と両義性論——社会学理論の重層的探究	舩橋晴俊	二五〇〇円
「むつ小川原開発・核燃料サイクル施設問題」研究資料集	茅野恒秀／舩橋晴俊 編著	一八〇〇〇円
新版　新潟水俣病問題——加害と被害の社会学	飯島伸子／舩橋晴俊 編	三六〇〇円
新潟水俣病をめぐる制度・表象・地域	関礼子編	四八〇〇円
新潟水俣病問題の受容と克服	舩橋晴俊／田恭子／飯島伸俊子 編	五六〇〇円
公害被害放置の社会学——イタイイタイ病・カドミウム問題の歴史と現在	藤川賢／堀田恭子 編	三八〇〇円
階級・ジェンダー・再生産——現代資本主義社会の存続メカニズム	橋本健二	三二〇〇円
市民力による知の創造と発展——身近な環境に関する市民研究の持続的展開	萩原なつ子	三二〇〇円
自立支援の実践知——阪神・淡路大震災と共同・市民社会	似田貝香門編	三六〇〇円
[改訂版]ボランティア活動の論理——阪神大震災とボランティア・ボランタリズムとサブシステンス	西山志保	三六〇〇円
自立と支援の社会学——阪神大震災とボランティア	佐藤恵	三二〇〇円
個人化する社会と行政の変容——情報、コミュニケーションによるガバナンスの展開	藤谷忠昭	三八〇〇円
《大転換期と教育社会学構造：地域社会変革の社会論的考察》		
第1巻　教育社会史——日本とイタリアと	小林甫	七八〇〇円
第2巻　現代的教養Ⅰ——生活者生涯学習の地域的展開	小林甫	六八〇〇円
現代的教養Ⅱ——技術者生涯学習の生成と展望	小林甫	六八〇〇円
第3巻　学習力変革——地域自治と社会構築	小林甫	近刊
第4巻　社会共生力——東アジアと成人学習	小林甫	近刊

〒113-0023　東京都文京区向丘1-20-6　TEL 03-3818-5521　FAX 03-3818-5514　振替 00110-6-37828
Email tk203444@fsinet.or.jp　URL:http://www.toshindo-pub.com/
※定価：表示価格（本体）＋税

東信堂

〈シリーズ 社会学のアクチュアリティ：批判と創造 全12巻+2〉

書名	副題	編者	価格
クリティークとしての社会学	現代を批判的に見る眼	西原和久編	一八〇〇円
都市社会とリスク	豊かな生活をもとめて	宇都宮京子編	一八〇〇円
言説分析の可能性	社会学的方法の迷宮からポストコロニアルの地平へ	藤野正巳編	二〇〇〇円
グローバル化とアジア社会	ポストコロニアルの地平	浦野正樹編	二〇〇〇円
公共政策の社会学	社会的現実との格闘	厚東洋輔編	二三〇〇円
社会学のアリーナへ	21世紀社会を読み解く	友枝敏雄編	二三〇〇円
モダニティと空間の物語	社会学のフロンティア	三重野卓編	二二〇〇円

〔地域社会学講座 全3巻〕

地域社会学の視座と方法	吉原直樹編	二六〇〇円
グローバリゼーション/ポスト・モダンと地域社会	斉藤日出治編	
地域社会の政策とガバナンス		

〔シリーズ世界の社会学・日本の社会学〕

書名	副題	著者	価格
タルコット・パーソンズ	最後の近代主義者	中野秀一郎	二七〇〇円
ゲオルグ・ジンメル	現代分化社会における個人と社会	居安正	二五〇〇円
ジョージ・H・ミード	社会的自我論の展開	船津衛	一八〇〇円
アラン・トゥーレーヌ	現代社会のゆくえと新しい社会運動	杉山光信	一八〇〇円
アルフレッド・シュッツ	主観的時間と社会的空間	森元孝	一八〇〇円
エミール・デュルケム	社会の道徳的再建と社会学	中島道男	一八〇〇円
レイモン・アロン	危機の時代の講世史家	岩城完之	一八〇〇円
フェルディナンド・テンニエス	透徹したゲマインシャフトとゲゼルシャフト	吉田浩	一八〇〇円
カール・マンハイム	時代を診断する亡命者	澤井敦	一八〇〇円
ロバート・リンド	アメリカ文化の内省的批判者	園部雅久	一八〇〇円
アントニオ・グラムシ	『獄中ノート』と批判社会学の生成	鈴木富久	一八〇〇円
費孝通	民族自省の社会学	佐々木衛	一八〇〇円
奥井復太郎	都市社会学と生活論の創始者	藤田弘夫	一八〇〇円
新明正道	綜合社会学の探究	山本鎮雄	一八〇〇円
高田保馬	新総合社会学の先駆者	中島滋郎	一八〇〇円
米田庄太郎	理論と政策の無媒介的統一	北島久雄	一八〇〇円
戸田貞三	家族研究・実証社会学の軌跡	川合隆男	一八〇〇円
福武直	民主化と反近代の現実化を推進	蓮見音彦	一八〇〇円

〒113-0023 東京都文京区向丘1-20-6
TEL 03-3818-5521 FAX 03-3818-5514 振替 00110-6-37828
Email tk203444@fsinet.or.jp URL:http://www.toshindo-pub.com/

※定価：表示価格（本体）＋税